サーカスの子

稲泉連

講談社

目次

装幀　川名潤
写真提供　宮崎美々子、著者

サーカスの子

人生とよばれるものは、わたしには、過ぎていった時間が無数の欠落のうえにうつしている、或る状景の集積だ。親しいのは、そうした状景のなかにいる人たちの記憶だ。自分の時間としての人生というのは、人生という川の川面に影像としてのこる他の人びとによって、明るくされているのだと思う。

（長田弘著「自分の時間へ」『記憶のつくり方』より）

プロローグ　ひとかけらの記憶の断片からⅠ

あのときの風景を思い出すと、僕はいつも不思議な気持ちになる。懐かしいような、あるいは全てが夢であったような、もし人生の時間を巻き戻せるなら、あの風景をもう一度だけ見てみたい、というような気持ちだ。

それを「郷愁」と呼んでいいものなのかどうか、僕にはよく分からない。でも、その感覚は自分の胸の裡《うち》にも「帰りたい場所」があるのだということを、確かに教えてくれている気がする。

ひょっとすると、それは幼い頃に見たいくつかの夢が、いつのまにか自分の記憶として刷り込まれてしまった架空の風景なのかもしれない、とも思う。例えば、母から聞かされてきた話を何度も思い返しているうちに、本当は覚えていない風景が記憶として染みついてしまった、というように。

いずれにせよ、僕がそのときいた「サーカス」という一つの共同体は、華やかな芸と人々の色濃い生活が同居する世界、いわば夢と現《うつつ》が混ざり合ったあわいのある場所だった。だから、というのも変な話なのかもしれないけれど、たとえそれが現実にはなかった記憶だとしても一向に構わない、という気さえする。ただ、僕は、僕にとっての失われた風景を、ここに書くことによって、残しておきたいと切実に思うのである。

その日、まだ五歳だった僕は、街にぽっかりと取り残された空き地に建てられたサーカスの大天幕から、少し離れたところに並ぶ青い仮設トイレを出てきたところだった。

昼過ぎまで降っていた雨で地面はぬかるみ、興行のために敷かれた砂利にも泥水が滲んでいた。ぷんと土の臭いを感じながら外に踏み出すと、砂利の敷かれていない土のところに小さなスニーカーの跡がついた。

その先に佇むように母がいた。

母はいつも考えごとをしているみたいにどこか上の空で、ねえ、と声をかけて初めて我に返る。

ねえ、と僕が言うと、

「なあに、連」

そう言って少しだけ笑ったその表情には、一日の仕事を終えた疲れが滲んでいた。

この一時期、幼い僕を連れてサーカス団で働いていた母は、数十人の団員の食事を朝から作る炊事係をしていた。

僕らのような子供たち——だいすけ、こうすけ、つなき、はるなといった僕と同年齢だった子供たち——も含め、みんなから「ハツオババ」と呼ばれる和枝姐《かずえねえ》さん、すでに四半世紀にわたって「サーカスの竈《かまど》」を守ってきたおたみさんの下で、朝から何十個というジャガイモの皮を剝き、料理の下ごしらえや調理をする。それが母の仕事だった。

例えば、平日よりも多くの客が来る週末、サーカスにはアルバイトの女性や学生が増える。いつもより人の多い昼食は、大鍋でつくるカレーと決まっていた。だから、週末になると炊事場の女たちは、山のように積まれた玉ねぎを朝からざく切りにする必要があった。

サーカスでは誰もが何らかの「仕事」を持たなければ生きていけない。だが、その中で未就学の子供たちは唯一の自由な存在だった。

子供たちは、朝からりんごを持って象（浜子とちーこという名前だった）の小屋に行き、鉄パイプの障害物を飛んだり潜ったりして駆け回る。気が向けば大天幕の裾をめくって、「丸盆」と呼ばれるあの丸い舞台でスポットライトを浴びる芸人たち（彼ら、彼女たちは誰かの父親や母親でもあった）のショーを、飽きもせずに繰り返し観ることもできた。

そんなふうにサーカスの敷地内を走り回る中で、僕らはときどき「本部」と呼ばれる二十畳くらいの広めのテント近くの炊事場にも向かった。すると、玉ねぎやジャガイモと格闘する母の姿があった。僕らは炊事場を守るおたみさんに味噌を塗ったおにぎりをねだり、作ってやるから手を洗って並びなさいという博多弁の指示に従って整列する——それが僕の記憶の断片をつなぎ合わせた「サーカスの子たちの日常」だった。

朝、二人で暮らすテントのヤサを覆う幕を上げ、陽光とひんやりとした外の空気の中に飛び出していくとき、母は溌溂とした雰囲気をいつも漂わせていた。いま思えば、炊事場という戦場で仕事をしていたのだから、夕方になるとその母がぐったりと疲れていたのも当然だった。僕は他の友達の親たちが舞台に出ていることが羨ましく、そんな母に向かって「お母さんもサーカスに出てよう」といつも言っていたという。

だから、その日も「ねえ」という問いかけに対して、「なあに、連」と言った母は、とても控えめな笑顔を見せただけだった。だが、そんな些細な表情の変化であっても、僕は母とともにいるという温かな安心感を胸に抱いた。

それを見たのは、大天幕の裏手にあった事務所のプレハブの方に向かって、二人で歩き始めたときだった。

まばらに雑草の生える空き地の向こうには、鉄道の高架と住宅地が広がっていた。

雨上がりの空には夕闇のグラデーションが鮮やかに続いていて、まだ青味の残った空に一番星が青白く瞬き始めていた。

そのときだ。僕は空の下の方に、炎のような赤い光が唐突に現れたのを認めて目を見張った。それはゆっくりと尾を引きながら明滅し、一段と激しく燃え立ったと思った瞬間、二つに割れて散らばるような軌跡を残して消えていった。

僕は、あっ、と声を上げ、咄嗟に母の手をつかんだ。

「ねえ！　かあたん」

手を引く僕に対して、母はさっきと同じような調子で返事をした。

「なあに、連」

「今の見た？　太陽がね、二つに割れて落ちたよ」

母は空を見上げて言った。

「流れ星かな？　すごいねえ」

「違うよ。もっと赤くてね、大きかったんだよ。それが空で割れたんだよ。本当だよ」

ぼんやりとした母の反応がもどかしかった。でも、そう訴えてみたところで、空にはうっすらとした筋雲と、二、三個の星がすでに輝いているだけだった。

繰り返し「本当だよ」と言う僕に対して、母はふっと全てを察したように「そうね、連、すごいねえ」と言った。軽くあしらうような調子に不満を覚えた僕は、なおさらむきになって「本当だよ」と言いながら、先を行く母を追いかけるようにしてテント小屋の並ぶ「村」の方へと歩いていった。

大天幕の頂で三角の旗が風に吹かれて揺れていた。「キグレ大サーカス」と書かれた文字が次第に闇に包まれていく。

いま振り返ると、そのとき僕が見たのは「火球」というものだったのではないか、と思う。インターネットで火球について調べると、赤い光が千切れるように消えていく動画があり、幼い頃に見たのはこれだと感じた。ただ、当時の新聞を探しても、その時期のあの地域で火球が観測されたという記事を見つけることはできなかった。

いずれにせよ、サーカスでの思い出を記憶の中に探し求めようとするとき、僕の胸にはあの空に散った赤い光のことが浮かんでくる。何とも奇妙なリアリティを持った記憶の断片――あるいは、それはサーカスという場所への「郷愁」にも似た思いが、心の裡に作り出した幻だったのだろうか。

第一章　終わらない祭りの中で

1

その日、二〇二一年の十月十二日、栃木県那須町にはすでに秋の気配が色濃く漂っていた。町役場の隣の丸っぽい図書館の建物の駐車場に車を停め、マスクを着けてからドアを開けて外に出る。
ひんやりとした朝の空気に、ちょうど降り始めたばかりの細かな雨が混ざる。その冷たさを感じながら、僕は半年ほど前に出したメールに対する彼女の返事を思い出していた。

連くん
お元気ですか？　とても懐かしく思います。

……奇跡のようなということは人生においてそうたくさん起きることではないと思っていましたが、そんなことはなく、意外と身近に起きていて、人生を重ねていくうちに集大成のように突然かたちを表すものなのだろうと思えてきます。

私は早くに父を亡くしたので、長く生きるということにそれほど意味があると考えてはいませんでしたが、こういう結果が時々起きると、長く生きることも悪くないと思えてきます。ここにこうして小さかった連くんが連絡をくれることのようにです。


彼女の名前は井上美一《みいち》さんという。

僕がキグレサーカスに暮らした一時期、舞台ではガネ(鉄線による綱渡り)や一輪車での曲芸を演じていた「美一ねえちゃん」。女性芸人の中堅を支える存在感のある人だった。彼女の夫は駒一《こまいち》さんというサーカス生まれの芸人で、カンスー(長いバーを持っての高綱渡り)や空中ブランコで主に目隠し芸を披露していた。

彼女がメールの中で「奇跡」と書いているのは、僕らの再会にいくつかの偶然があったからだった。

数年前、母が唐突に「私は那須で暮らすことにした」と言い、長かった東京での生活をあっさりと捨て、同世代の知人が共同生活を営むサービス付き高齢者向け住宅に引っ越した。美一さんはその住宅に隣接する高齢者福祉施設でヘルパーの仕事をしており、現地での共通の知り合いを通じて、二人は三十数年ぶりに再会を果たした。「キグレサーカスで一緒だった人がお隣にいたのよ！」と驚いて電話をしてきた母に、僕は美一さんの連絡先を聞いた。ノンフィクションを書くようになって以来、いつか当時の自分がいたサーカスの時間を共有していた人に会い、話を聞いてみたいと思ってきた。僕は彼女にメールを書いた。わずか一年足らずだったサーカスでの日々が、何故か今も胸に強く留まり続けていること。その経験が自分にとって、一つの原点であり続けていると感じていること……。

今から振り返れば、四十年近い歳月が過ぎ去ろうとしている中で、僕はあの頃の自分と同じくらいの年齢の子供を持つ親にもなり、自分自身にかけられた人生の謎のような何かを解きたいと感じ始めたのかもしれない。

だが、メールを送った後、美一さんとすぐに会うわけにはいかなかった。新型コロナウイルスが東京で猛威を振るっており、緊急事態宣言が出ている最中だったからである。高齢者福祉施設で働いているという美一さんは、今はまだ誰かに会ったり出かけたりはできないけれど――とこう続けていた。

もちろん私でよければ連くんの生きて過ごしてきたことの証人としていろいろお尋ねいただいてけっこうです。私はどこにもいきませんのでどうぞゆっくりお考えください。連くんの今までもとってもお聞きしたいと思います……。

何十年という歳月を経て、それでも「連くん」と親しげに呼んでくれる人がいる——。

僕はそのことにこそばゆさを感じつつも、どこか心に温かいものが流れるのを感じた。もし自分にも心の故郷、あるいは一度だけでも「帰りたい場所」というものがあるのだとしたら、そこには美一さんのような人々がいるのかもしれないな、そんな気持ちが湧いてきたからだった。

それから半年が経ち、二度目のワクチン接種をとうに終えた頃、東京の感染拡大が収束の時期を迎えた。僕は彼女に再び連絡し、仕事が休みの日の午前中に自宅を訪れることになった。

美一さんの家は役場から歩いてすぐの場所にあった。

それはかつて何かの店舗だったという建物で、軒先の広いスペースに机や椅子やいくつかの本棚が置かれていた。奥の玄関からにこやかに迎えてくれた彼女は、少し垂れた目が優し気に見える女性だった。彼女は僕を見ると目を丸くして、「連くんはとても面影が残っているねえ」と言って笑った。

「三十八年くらい前というと、わたしが二十代のときね。二十一歳でサーカスに入ったから、ちょうど六年目くらいだったのかな」

連くんたちのことはもちろんよく覚えている、と美一さんは続けた。

「そうそう、それでわたしが今でも覚えているのは——」

だいすけ、つなき、せいじ、そして、僕――いつもつるんで遊んでいた子供たちの名前を挙げてから、彼女はちょっと可笑しそうにこんな話をした。

「男の子たちの中でも、下っ端のつなきと連くんは最初の頃、いつも小競り合いをしていてね。でも、はっきりと白黒つけないで、ちょっかいを出し合っているだけ。怖いのか何なのか、きちんと喧嘩をしないのよ。それを見ていて、わたしはイライラしちゃってさ」

そんなある日のことだ。美一さんはテント村のコンテナの風呂の脱衣所で、僕らが小競り合いしているのを見た。二十代の芸人だった彼女にとって、おそらく僕らは序列を付けられずにいる猿山の子ザルのように見えたのだろう。

「またやってる！　そう思って、わたしはパチンとキレちゃってさあ。『おまえらこのやろう。どっちが兄か弟だかここで決着つけろ。美一姉ちゃんがここで見ててやっから』と怒鳴りつけたんだから」

美一さんの少しべらんめえ口調の言葉は、「あのサーカスでの日々は決して夢などではなかったのよ」というふうに僕の心には響いた。そして、彼女との四十年近くという距離が一気に縮まっていくのを感じた。

ふふふと彼女は笑うと、

「連くんがここに何を探しに来たのか、どうして今になってわたしたちに会いたくなったのか、なんとなく分かる気がする」

と、言った。

「あなたたちがサーカスに来る前、『子持ちの女の人が、おたみさんの手伝いで入るんだ』という話を聞いてね。それでやって来たのが、あなたとあなたのお母さんだった。そう、あれはちょうど木更津の時だったわね」

サーカスの人々は、西暦や年号で自分たちの歴史を語らない。「木更津」や「高崎」、「福島にいたとき」という具合に、公演場所で「あの頃」について語る。それが二か月に一度、公演場所を変える彼らの時間感覚だったからだ。

そうして、僕は美一さんの物語を聞き始めた。

彼女の経験はかつて日本にあったキグレサーカスという場所の貴重な記録であった。そして、それは僕にとって四十年近くの歳月を経て、今は失われた「故郷」でともに暮らした人と、あらためて出会い直していくような濃密な時間でもあった。

2

毎年、青森県弘前市で開かれる「さくらまつり」に向かうときの胸の高鳴りを、今でも美一さんは昨日のことのように覚えている。

まだ幼かった頃、一九六〇年代の中頃のことだ。福原という名字だった彼女は大好きな父の手を握り、弘前城の賑やかなお堀端をうきうきとした気持ちで歩く。

彼女の父親は弘前の大店《おおだな》の息子だったが、古着を扱っていた実家の商売が没落し、その後、当時の知人の伝手でモンペ用の生地を織る紡績工場に勤めていた。歳の離れた姉と兄はもう遊んでくれる年齢ではなく、彼女は父親と一緒にいることが多かった。会社が休みの日、麻雀の面子が集まっていても、必ず一度は公園に連れて行ってくれる父が彼女は好きだった。

土地の人々が「観桜会」と呼ぶ祭りの日、道々には着物に色羽織をかけた女たちが行き交っていた。お堀端の道にはどこまでも雪洞《ぼんぼり》の灯りが続き、その淡い明かりに照らされた桜の花がぼんやりと見えていた。

お堀に覆いかぶさるようにして咲く桜並木が、水面に鏡のように映っている。

城内に入れない白い服を着た傷痍軍人たちが物乞いをする姿、トロ箱に入れた毛ガニやシャコを売る行商人たち……。露店や見世物小屋の並ぶ城内に入る前から、少女の心は否応なく高鳴るのだった。

城門から中に入って彼女の目をまず引いたのは、初めて見るバナナのたたき売りだった。当時のバナナは高級品で、子供たちの憧れの食べ物だったからだ。

彼女の父親には青果店で働く知人がいて、傷んだバナナの切れ端を安く分けてもらってきてくれることがあった。口の中に広がる甘く不思議な味を思い出し、彼女は一度でいいから房のままのバナナを食べてみたい、と思ったものだった。それがさくらまつりの露店では、棚の上に房のまま山となって積み上げられているのである。それはまるで夢のような光景に見えた。

博識だった父親が歩きながら何かを見つける度に、「あれはね……」と説明してくれた。

棟の両端に鯱《しゃちほこ》がある北側の亀甲門《かめのこもん》を通り、西の丸の方へと歩いていくと、賑やかな見世物小屋の口上やバイクの音が聞こえてきた。そして、さらに行った先に現れるのが、サーカスの大きな掛け小屋だった。

かつてサーカスは日本全国の祭りを渡り歩くもので、「日本仮設興行協同組合」の分類で「大荷《おおに》」と呼ばれていた。土地の香具師《やし》である歩方《ぶかた》から借り受けた木材を縄で組み、「高舞台」と呼ばれる舞台と桟敷を作るのである。

祭りはこの「大荷」であるサーカスを中心に地割りが行われ、隣には巨大な樽の中でバイクの曲芸を披露するオートバイサーカス、さらに下がったところに「中荷《ちゅうに》」と呼ばれる「やぶ」(お化け屋敷)、「小荷《しょうに》」の見世物小屋、各種の露店が配置されていた。

美一さんが入団した二十歳の頃は、すでにサーカスは現代的な「大テント」で単独での公演を行うようになっていたが、古い芸人たちの中にはこの「掛け小屋時代」の記憶が身近なものとして色濃く残っていた。

「うちの旦那だった駒一もそうだった。あの人は生まれも育ちもサーカスだから、小さい頃から知っているやぶのお姉さんたちがいたりしてねえ。見世物小屋で鼻から蛇を入れる芸をするでしょう。子供の頃、彼女たちのところに遊びに行くと、『コマイチ、ほら!』と言って、その蛇を投げられたりしてからかわれたもんだ、と言っていた」
やぶのおどろおどろしい絵看板、薄暗い見世物小屋で見た河童や人魚、タコ娘に人間ポンプ……。その先にあるサーカスの掛け小屋の前には「のせ」があり、宣伝のための象やサル、化粧をした美しい芸人たちがいた。象は高舞台の下に用意された丸盆での出番がやってくるとのせから降ろされ、しばらくして小屋の中からどよめきや歓声が聞こえてきた。その声を聞くと、父に手を引かれる美一さんは、「小屋の中に入るとどんなものが見られるんだろう」と期待に胸を膨らませた。

当時、キグレサーカスでは象の形に赤いリボンの付いたバッジが売られていた。休憩時の中売りの際に、彼女は父にそのバッジを買ってもらった。大人になってサーカスに入ったときも同じバッジが売られており、「あのときわたしが見たのはキグレサーカスだったんだ」と初めて知ったという。

……サーカスとの出会いの記憶の中にいる父の姿。

美一さんは「わたしは父が大好きだったのね」と何度か繰り返し言った。なぜそう語るのかと言えば、彼女が「表現」の世界に近づいていった大きなきっかけが、その父親を小学校五年生の時に亡くしたことだったからだ。

それはまだ十一歳の少女にとって――おそらく今の美一さんにとっても――決して受け止め

きれない形での死だった。

「その日は九月の秋分の日だったから、わたしは学校が休みだったの」

と、彼女は言った。

朝、目が覚めると、いつも布団で一緒に寝ている父親の姿がなかった。「何かの用事があったのかな。帰ってきたら今日はどこに連れてってもらおうかな」。そう思っていると、玄関が慌ただしく開けられる音がして、知らない二人の中年の男が家にやってきた。応対した母親に対して、男たちが「ご主人が亡くなっているようで、本人かどうかを確認してほしい」と言うのを、幼い彼女は見上げるように聞いていた。

母親は話を聞くなり、半狂乱になってどこかに電話をかけ始めた。「ミツハルが死んだ」というその言葉を何度も聞きながら、「お父さんが死んだんだ」と思った。十一歳の彼女は母の腕をつかみ、電話線を握りしめてわんわんと声をあげて泣いた。

父親は近所の神社の裏の木で首を吊ったという。近くに細い小川が流れており、猫を追いかけていた子供が第一発見者だった、と遺体を確認した高校生の兄が言った。その日は警察や医師が入れ代わり立ち代わり家を訪れ、事情聴取などもあってしばらく蜂の巣をつついたような騒ぎとなった。それからのことはよく覚えていない。

「父はサラリーマンだったけれど、実家は地元で誰もが知っているお坊ちゃまだった。ところが、父のお母さんが切り盛りしていた財産は、もう兄弟でだいぶ食いつぶしてしまっていたようなの。プライドの高い父は、それでも自分にお金がないという弱みを見せたくなかったんだと思う。母に何を言われても『金のことには口を出すな』と言うばかりだったらしいから」

でも、誰かが何かをしてくれないと、成り立たない人というのが世の中にはいるのね、と美一さんは話す。まだどれだけ多くのものを持っていても、人は一つ、二つとそれが失われていく不安に耐えきれないものなのだ、と。

「特に父は精神的に強い人ではなかったから、お金がなくなる寂しさで荒んでしまったのだと思う。今のわたしはそんなふうに父の死を理解している」

そして、このような父親との別れが、美一さんを「表現」の世界へと近づけることになったのである。

父がこの世を去ってから、母親は短い間ではあったが、水商売をして家計を支えるようになった。夜、静まり返った自宅にいると、胸の裡では父の不在が膨らみ広がるばかりだった。そんなとき、彼女は吹き抜けになっていた階段に座って、テレビで聞いたことのある流行歌を口ずさむようになった。

幼いころから美一さんは音感に優れ、一度聞いた曲をほぼ記憶できるという特技を持っていた。薄暗い階段で「霧の摩周湖」や「ブルー・ライト・ヨコハマ」のメロディを口にしてみると、声が反響して普段よりも上手に歌えた気がした。

なかでも後に彼女の心を慰めたのは、加川良の「伝道」という歌だった。

悲しい時にゃ　悲しみなさい
気にすることじゃ　ありません
あなたの　だいじな　命に
かかわることも　あるまいし

何度も何度もこのフレーズを繰り返して歌うようになる十一歳の少女は、次第に「歌」そのものによって愛した父の不在の空白を埋めるようになっていった。一年が経ち、二年が経ち、中学生になっても彼女は歌を続けた。そして、高校生になった頃には、弘前の町の小さな喫茶店でフォークソングを歌うようになっていた。

彼女が高校に入学した一九七二年は、二月に札幌で冬季オリンピックが開催され、連合赤軍によるあさま山荘事件が世を騒がせた。七月には第一次田中角栄政権が誕生し、『日本列島改造論』が大ベストセラーになった。

座席の数の少ないウナギの寝床のような喫茶店は、国立の弘前大学の学生たちのたまり場になっていた。まだ「ライブハウス」というものがない時代、そうした店ではフォークやジャズのライブをしたり、発表の場のない歌手を座席で歌わせたりしていた。流行していた長髪の男子学生たちが、コーヒー一杯で入り浸ってそれを客として聴く。タバコの煙が漂う店で、彼女は「イムジン河」や「戦争を知らない子供たち」をギターを爪弾いて披露したものだった。

そんな美一さんの転機になったのは高校二年生のとき、彼女の歌を聴いていた店のマスターに「ヤマハのポプコンに応募してみないか？」と勧められたことだった。

ヤマハのポピュラーソングコンテスト——通称ポプコンは、各地域での予選を勝ち抜いたシンガーソングライターなどが全国大会で競う、一九六九年に始まった音楽祭だった。

コンテストにはテープ審査、そのあとに県大会があり、上位入賞者が全国大会をかけて地方大会で競い合う。当時の同期には八神純子、一年後は中島みゆき、因幡晃が続いていくニューミュージックの全盛期だった。その第八回大会（一九七四年）に自作の曲を応募した彼女は東北大会でグランプリを受賞し、全国大会に出演することになるのである。

会場となったつま恋エキジビションホールで、彼女は「雪」という自作の曲を歌った。

雪がふってるね
空の下で
トントン窓をたたいて　僕をよぶ
ああ　静かだね冬の夜は

耳をすませば　風の音

すきま風が心にしみる
ああ　寒いんだね冬の夜は

吹雪が唄う子守り唄
静かな夜には　淋しいね
寒い夜には　悲しいね
やるせないのは部屋のあかり
アア　淋しいんだね冬の夜は

目をつむれば　白い雪
悲しいだけの風の音
アア　くらいんだね冬の夜は

……この年は松田りか・マミの姉妹のユニット「チューインガム」がグランプリを受賞したが、美一さんにもヤマハから「東京に出てこないか」と声がかかった。

そうして、彼女は歌手になるために上京する。

高校を卒業した年の夏のことだった。

3

十九歳になる美一さんは一九七五年の夏、ひとり、青森からの夜行列車で東京に向かった。到着した上野駅には客車の連結された機関車が並び、それぞれに行き先のプレートがぶら下げられていた。

荷物を抱えて広小路口に向かうと、契約したワーナー・パイオニアの社員が待っていた。「浜田」と名乗る男に彼女は東京を案内され、その後、所属するプロダクションの関係者の自宅に何日か泊まり、社長が用意してくれた阿佐ヶ谷のアパートで東京での生活を始めることになった。

「わたしはね、とにかく家を出たくて仕方がなかった」と美一さんは言う。

「家は窮屈だよね。何しろ古い風習が残っている土地だし、お見合い用の写真を母に撮らされたこともあったから。自分の人生を親に決められるのが嫌だったのね」

だから、歌を周りに認められたとしても、自分の裡に確固たる目標や自信が生まれたわけではなかった。やみくもに家から出たくて、その手段が歌だっただけなのだ。

「わたしは母親が好きではなかったし、亡くなった父親がずっと好きだったし。まあ、女として父親を取り合う存在だったのかもしれない。とにかくがむしゃらに、高校を卒業したら家を出ようと思っていたってわけ」

　東京に来てから半年後、美一さんはレコードを出した。だが、それで仕事らしい仕事が入ってくることもなく、しばらくはテレビ局のカメラオーディションに通う日々が続いた。

　NHKのスタジオの調整室では、舘ひろしや所ジョージ、浅田美代子などと一緒にオーディションを受けていた。ガラス張りの向こうに「青い山脈」の藤山一郎といった有名歌手の姿があるのを見て、「自分はここで何をしているんだろう」と、とても不思議な気持ちになった。

　東京のライブスポットに出演する傍《かたわ》ら、ときおり地方にも営業に行った。まだ十代だった彼女はそうした日々を送るなかで、歌手としての自分に限界のようなものを感じるようになっていった。

「結局ね、自分には才能がないということに気づいたんだね。ピアノを弾けるわけでもない、楽譜が読めるわけでもない。デビュー曲は人の書いた曲。流行に乗ってシンガーソングライターという肩書だったけれど、最初から無理があったのよ。だから、東京に出てきて歌をうたっていても、わたしはちっとも楽しくなかった」

　彼女はこうした挫折の思い出を話すときも、僕を真正面に見据えて柔らかな笑みを浮かべた。その表情には人生を物語ることへの自覚のようなものがあった。

　思えば、わたしは歌をうたうのが好きだったわけではなかったの、と美一さんは言う。

　大好きだった父が思わぬ形でこの世から唐突にいなくなり、母は夜遅くまで水商売で働くようになった。年の離れた兄と姉とはほとんど家では会わなかった。朝起きると母がどこかからもらってきた寿司折を開け、それを朝食にして学校へ行く。そんな日々が続くなかで、ふと寂しさを紛らわすように口ずさんだメロディがあった。歌うことで自分の心のあり様を確かめ、生きる糧にしていく。それが彼女にとっての歌だった。

弘前から東京に出てきて半年ほどが経つうちに、彼女はみるみるうちに「歌うこと」への思いが色褪《あ》せていくのを感じた。

酒の匂いと紫煙が漂う東京のライブスポット、函館のクラブや宮城県の鳴子温泉――。営業で地方の盛り場を回り、ときにはストリッパーの女性たちの前座で歌をうたう。これまでしたことのない作り笑顔で楽屋に入り、「おはようございまーす」と明るく元気に挨拶をするのも苦手だった。それは一つの経験ではあった、と今の美一さんなら胸を張って言うだろう。だが、二十歳になろうかという当時の彼女にとってみれば、それは自分と「歌」とのつながりが切れていく日々でもあった。

美一さんがキグレサーカスと出会うのは、そんなある日のことだった。

TBSのラジオ番組のオーディションに合格した彼女のもとに、角川書店が提供する「唄を探しに」という番組で三か月間、レポーターを務めるという仕事が舞い込んできた。それは日本全国の様々な職業の人たち――津軽三味線やアフリカンドラムの奏者、大相撲の呼出など――を訪ね、仕事観や人となりをインタビューするというものだった。その番組のディレクターが「サーカス」にこだわりを持つ人で、企画の一つとして愛知県の渥美半島で公演中のキグレサーカスを訪れることになったのである。

サーカスは幼い頃に父とさくらまつりで見た「掛け小屋」ではなく、すでに現代的な大テントに変わっていた。興行も祭りの一画で「大荷」として開かれるものから、街の空き地を利用して大テントを建て、その裏手に芸人やスタッフが暮らすという形態になっていた。

「久々に見たサーカスはどんな印象だったんですか？」と僕が聞くと、美一さんはしばらく考えてから「かなりお酒を飲んで、酔っ払っていたからなァ」と言った。

一九四二年に初代団長・水野維佐夫《いさお》が設立したキグレサーカスは、木下サーカスと並ぶ日本を代表するサーカス団だった。美一さんが訪れた頃、キグレサーカスはまだ二十代だった若き水野智之《さとし》団長の考えで、これまでのサーカスの固定観念を超えようとする舞台構成が試み始められていた。ジンタの調べと垂れ幕、独特の口上と芸――。そうした従来の舞台ではなく、団長は個々の芸が一つの「物語」の中で次々と流れていく構成を作り、始まりがあって終わりのあるショーとして、舞台を一つの世界として表現しようとした。後にその構成は演出家の三木のり平によって行われることになる。

また、団長の腹違いの兄に、八紘《やひろ》さんという人がいた。彼はキグレサーカスの挑戦に欠かせない人物で、視察に行ったパリのキャバレーのショーを参考にして、羽根の付いた派手で美しい衣装やメイキャップ、照明による演出を導入した。後のシルク・ドゥ・ソレイユの走りのようなものだろう。美一さんが久々に見たキグレサーカスの舞台は、そのような華やかさを持つものへと変わっていく過渡期だった。

キグレサーカスの舞台は、大テントの入口の幕を二重にするという工夫をしていた。かつてのテントは生地が薄く、日中は外の日の光が透けていたため、構成の中で舞台を暗転させることができなかった。だが、入口の幕を二重にしておけば、観客はテントに入った瞬間に暗闇に包まれる。そして、桟敷に向かうと煌《きら》びやかな照明が丸盆を照らし出している様子に目を奪われた。

「テントの中に入ったら別世界になる。もう入った瞬間から世界が変わるんだ、っていう考え方がキグレにはあった。サーカスの芸の一つひとつはショーにおけるパーツであって、大事なのはテントの中にどういう世界を表現するか。それが八紘兄ちゃんや団長の考えだったのね」

その日、舞台を見た後に彼女は大天幕の裏手のテント村で、芸人たちから話を聞いた。空中ブランコのスターである若い男たち、カンスーと呼ばれる高綱渡りを見せたピエロや女たち、外部の興行会社からの契約で参加している「トランポリンチーム」の面々……。

舞台にはまだ出ていない子供たちにも話を聞いた。

大天幕の裏手の村を泥だらけになって駆け回る「サーカスの子たち」に、美一さんはいくつかの質問をした。

「大きくなったら何になりたいの？」

すると、子供たちは無邪気な笑顔を彼女に向け、次々と自分たちの「夢」を話した。

「僕は空中ブランコ！」

「オートバイに乗りたい」

「わたしはトランポリンがいい」……。

その日、そんなインタビューをしばらく続けるうちに、日が暮れていった。

夕食は「本部」と呼ばれるテントで独身者たちが食べ、家族のある者たちはおかずをもらって自分たちのヤサに戻る。そうしてしばらくすると、いくつかのテントでは自然と酒盛りが始まった。

芸人たちはよく飲み、よく笑う。

日中の公演でスポットライトを浴びた彼ら、彼女たちは、今では一人の男であり女であり、父であり母であり、血気盛んな若者であった。分かち難く結びついたショーと生活という日々のサイクルを繰り返しながら、彼らは旅という非日常を日常として生き、終わらない祭りの中に居続ける人々のようだった。

夜が更ける頃にはかなり酔いが回り、トランポリンチームの女性たちの共同部屋に美一さんは泊めてもらった。

ただ、サーカスの人々と初めて交流を持った自分は、このときはラジオのレポーターとして来たゲストに過ぎなかった、と彼女は今では思う。

「ラジオでのインタビューでは、やっぱり本音なんて言わないよね。何を聞いても答えてくれるけれど、そこで発せられる言葉はどこか表面的なものばかりだとわたしは感じたの」

その理由がよく分かるようになったのは、後に自分自身が芸人になり、内側からサーカスでの暮らしを見つめるようになってからだった。


「……例えばね、わたしたちが小さい頃、悪いことをした子供を大人はこう言って叱っていたの。『悪い子はサーカスに売っちまうぞ！』って。当時はまだ、そういう偏見を持ってサーカスを見ている人も上の世代にはいっぱいいたわけ。だから、昔からサーカスにいた人が、飲みながらぼそっと言うのね。

「昔はサーカスは人を買うと言われていたけれど、買ったことなんて一度もねぇんだ」

そりゃあ食べるものに困って、この子にどうか飯を食わせてくださいと連れてきた人はいる。だけど、手を引っ張ってお金を払って連れてきた人なんて誰もいないんだ……。

そう言われれば、そうかもしれないし、そうじゃないかもしれない、とわたしは思った。ただ、そういうところがどこかに残っている。わたしたちがそういうふうに見ていなくても、彼らの中にはそういうふうに見られている、という思いが残っている。

だから、彼らは決して外から来た人には本音を言わない。どう解釈されるか分からないし、喋ったことが正直にそのまま伝わるとも思っていない。でも、彼らはみんなそれぞれ明るいし、きちんと生きようとしているんだという印象をわたしは持った。

しばらくしてサーカスで暮らし始めたとき、ハンディキャップを見せて商売をしている見世物小屋の人が、こう言っていたのをよく覚えているの。

「自分は誰の世話にもならずに金を稼いでいる。みんなは可哀そうだって言うけれど、行政から一銭の金をもらったこともないんだ。自分たちの食べる分は自分たちで稼いでいる。そのためのこの身体だ」って。芸人には多かれ少なかれ、誰にだってそういう思いがあるのね——。


それからの一年間、美一さんは渥美での公演が終わった後も、キグレサーカスに足繁く訪れるようになった。彼女は恋をしていた。相手は空中ブランコや「空中アクロバット」という芸で女性たちの視線を集める若いスター芸人だった。

そして、その恋が上手くいかないことが分かる頃、彼女にとって転機となる出来事が起こった。所属していたプロダクションの社長が大きな病気を患い、手術後もリハビリが必要となるため、事務所を畳むことになったのである。

「音楽を続けていくなら他の事務所を紹介するよ」

スタッフからはそう言ってもらったが、すでに歌手としての日々に倦んでいた彼女はこれが一つの潮時なのだと感じた。すると、恋人を追って何かと遊びに来ていた彼女に、サーカス団の事務方の社員がこう声をかけた。

「だったらバイトに来るかぁ？　一日五千円だぞ」

一九七〇年代後半、団長の改革もあって人気が出ていたキグレサーカスは、「大箱」と呼ばれる後楽園球場での公演を準備していた。社員はそのチケット売り場や会場での売り子をしてみないかという。

後楽園であれば、阿佐ヶ谷のアパートから電車で通える。

「行く！」

と、彼女は二つ返事で答えた。

歌手としての仕事を失ったとき、どこかほっとする気持ちがあった。ただ、ようやく離れた弘前に帰るのは嫌で、食べていくために何かをしなければならなかった。だから、アルバイトの誘いは文字通り渡りに船だった。

「これで何か月かは大丈夫かな」

そのとき、これから十四年という歳月をサーカスで過ごし、自分が日本中を旅から旅で回る日々を送ることになるとは、彼女は全く想像もしていなかった。

4

言葉が途切れると、いつからか降り始めた雨の音が強く響いていた。雨脚がときおり強くなり、テラスになっている土間の引き戸ががたがたと風に揺れる。

美一さんの家の前の道を、ときおり小さな水しぶきを上げながら車が通っていく。最初に淹れてもらったコーヒーはすっかり冷め切っていた。机の上に広げられたキグレサーカスのパンフレットや写真に目を落としていると、彼女が「新しいコーヒーを淹れようね」と言って立ち上がる。

美一さんがキグレサーカスにいたのは、一九七八年から一九九二年までの十四年間ということだった。入団後、すぐに駒一さんという若い芸人と結婚した彼女は、自身も一輪車や綱渡りなどの芸を覚え、丸盆に立つようになった。僕が母と一緒にキグレサーカスに来たときは、中堅の女性芸人として誰もが一目置く存在だった。

二人の子供を産んだ彼女は、僕ら親子がいなくなった数年後、長男が小学校に入学するタイミングでサーカスを去った。その後はしばらく弘前で母親の仕事を手伝ってから、サーカス時代の伝手で福島県二本松市に本社のある東北サファリパークに就職した。夫の駒一さんもその一部門である「移動動物園」で働き始めたそうだ。

彼女がコーヒーを淹れてくれている間、僕は美一さんの自宅の本棚を眺めていた。すると、そこには立花隆の『サル学の現在』など動物関係の専門書が多く並んでいた。東北サファリパークの経営する「那須ワールドモンキーパーク」に配属された美一さんは、そこで十九年間を勤め上げた。園を退職したのは二〇一五年。現在はすでに述べた通り、近くの高齢者福祉施設でヘルパーの仕事をしていた。

熱いコーヒーを淹れて戻ってきた美一さんは、カップを二つ、机の上に置く。それから少しため息をつくように話してくれたのは、キグレサーカスに入ってすぐにサーカスでの二度目の恋に落ち、結婚した井上駒一さんのことだった。

「その駒一がね、今年の五月に亡くなったの」

と、彼女は言った。

「もう別れてから二十年くらい会っていなかった。それがある日突然、子供宛てに（神奈川県の）相模原市の役所から手紙が来て、遺骨の引き取りをしてもらえないか、っていうの。生活保護を受けていたから、息子の名前が分かったみたいでね」

美一さんと駒一さんの間には二人の息子がいる。キグレサーカスを出た後、紆余曲折の末に「移動動物園」で働き始めた駒一さんは、職場で中国雑技団出身の若い女に出会った。駒一さんとその女性の間に子供ができ、美一さんはすったもんだの話し合いの末に彼と別れることになった。

自分が幸せになるには彼女と一緒になるしかない、と駒一さんは言ったという。息子たちも「お父さんが幸せになる方法がそれしかないなら、仕方がない」と最後には受け入れた。

「でも、その女の子は日本の国籍が目的だったのね。少なくとも子供がいれば、養育のために二十年は日本にいられる。結局、駒一は捨てられて、挙句の果ては生活保護を受けて孤独死をして、遺骨の引き取りを元妻との子供にも断られて……。それでうちに借金まで付けて帰ってきたんだからねェ」

駒一さんの遺骨は相模原市の役所から、着払いのゆうパックで送られてきたという。東京では新型コロナによる緊急事態宣言が出ていた時期、「今はこのご時世でもあるので、来ていただく必要はありません」と担当者から電話で伝えられた。

郵便局から届いた段ボールを開けると、彼女はその骨壺のあまりの小ささに驚いた。キグレサーカスのスター芸人の一人だった彼は、小柄な演者が多い中で一七〇センチは背丈があり、骨太で体格もよかった。だが、骨壺は両手で包み持てるほどの大きさで、美一さんは言葉にならないショックを受けた。働いている高齢者福祉施設の看護師に聞くと、「まあ、骨だから潰しちゃえば入るんじゃないの」とのことだった。彼女が駒一さんの両親が眠る長万部《おしゃまんべ》の菩提寺に遺骨を納めに行ったのは、それから二か月程が経った時だった。

お堂に小さな骨箱がちょこんと置かれているのを見たとき、美一さんの胸に去来したのはサーカスで生まれ育った駒一さんの抱えていた孤独についてだった。

相模原の狭いアパートで、駒一はどんなふうに死んでいったんだろう。駒一は重度の糖尿病だったと聞いた。孤独死と言ったって、死ぬまでにはきっと何日も食べずに、生きている時間があったはずだ。その死に向かう過程で、駒一は何を考え、どんなふうに自分の人生を振り返ったんだろう……。

全くサーカスの男というものは……と美一さんは言いたそうだった。

「だからね、これからあの場所にいた人たちに話を聞いていくのであれば、君にはサーカスで生まれ育った人たちが、サーカスを出た後にどんな思いを抱き、どんな苦労をするのか、そういうことも知っておいて欲しいのね――」

5

阿佐ヶ谷のアパートからアルバイトで通っていた後楽園での公演が千秋楽を迎え、サーカスは次なる公演地の町田へと向かおうとしていた。

「結婚しようか」

美一さんと駒一さんは一九七八年五月、どちらが言うでもなくそう互いに心を決めていた。それは彼女にとって、サーカスの一員として日本全国を巡業するという意味でもあった。

後楽園公演での仕事は最初、桟敷の観客たちにグッズなどを売るというものだった。ところが、しばらくすると「一輪車くらいは乗れるんじゃない？」と言われ、公演を終えた後に練習してみようということになった。舞台には女性たちが連なって一輪車で丸盆を回る芸がある。もしすぐに一輪車に乗れるようになるのであれば、後楽園での公演中に出てみてはどうか、と勧められたのだった。

煌びやかな舞台がはねた後、誰もいなくなった丸盆では芸人たちがそれぞれに練習をしている。そして、静まり返った会場の片隅で美一さんに一輪車を教えたのが、若手芸人の中心的な立場にいた駒一さんだった。

彼は短髪の芸人が多い中でひとり髪を伸ばし、普段も女性もののファーの付いた服を着こなすなど、大天幕の裏側ではジャージ姿が一般的だったサーカスの日常において、華やかで目立つ存在だった。

舞台での彼の真骨頂は目隠し芸で、地上七メートルの高さの鉄線を渡るカンスーや空中ブランコでも、緊張感のある見せ場を作っては客席を盛り上げてきた。観客席からその芸を見たとき、美一さんも惚れ惚れする魅力を最初から感じたものだった。

目隠しをしているといっても、実際には見えている。だが、駒一さんの芸には、それを知っているサーカスの身内にも「本当に見えていないんじゃないか」と思わせるものがあった。

カンスーでのはらはらする渡り、空中ブランコでのダイナミックな飛行。狭い飛行台では手さぐりをして撞木《しゅもく》をサポート役に握らせてもらい、何もない空間へ勢いよく飛び出していく。

空中で撞木から手を放し、美しい飛行姿勢を見せた後、「中台」に座るキャッチャーに手を伸ばす。そうして戻ってきたときは、飛行台から落ちるのではないか、と思わせるほど身を乗り出して観客にアピールをする。

観客の中には、「本当は見えているのだろう」と冷めた視線を向ける人も当然いる。だが、そうした人々も含めて魅了してしまうのが、駒一さんの芸というものであった。種があると誰もが知っているマジックが人を驚かせるように、彼のパフォーマンスは観客の心をつかんでいた。それは言葉にするのであれば「きちんと夢を見せる芸」といえるものだった。

若手芸人の指導では怒声も飛ばしていたとはいえ、後楽園公演後の一輪車の練習の際の駒一さんは優しかった。若い女に親切なのは、サーカスの若者たちであれば当然だ。そして、こちらは思いもよらないことだったが、美一さんには芸のセンスがあるようだった。三日もしないうちに彼女は一輪車に乗れるようになり、すぐに舞台にも立つようになった。

公演後の練習を重ねるうち、二人は親密になっていった。何より駒一さんは話が面白く、美一さんはすぐに馬が合うものを感じた。

駒一さんはサーカスで生まれ、サーカスで育った人だ。かつて動物の芸を中心にしていた「原田サーカス」という団体があった。駒一さんの父親はそのサーカスの「先乗り」(公演場所に前乗りして準備をする仕事)をしていた。母親もおそらく芸人だったという。「駒一」という名前は、仙台の竹駒神社のお祭りに掛け小屋を出していたときに生まれたから、というのが由来だった。

「長男だったから、神社の駒に一となったんだ」

だが、後に彼が美一さんに語った話では、母親は子供の頃に自分を捨てて「若い衆」と駆け落ちしたという。彼の母親もサーカスの養女で、幼い頃に両親から縁を切られたらしい(彼は

「母親は死んだ」と言っていたが、ずっと後になって生きていたことが分かった）。その後、彼は同じサーカスに暮らす「おばちゃん」に我が子のように育てられたと言っていた。

そうした少年時代を過ごした駒一さんにとって、巡業で日本中を回るサーカスの世界は、生きていく上での全てであったに違いない。将来の夢も成功も、何をして食べていくかも、彼にとってはサーカスでどのように生きていくか、という問題へと収斂《しゅうれん》されたはずだった。彼は自ずと子供の頃から芸人を目指し、頭角を現すために懸命に芸を磨いた。それがサーカスの子であった彼の世界における唯一の自己実現の道であり、人生を切り拓く手段であったからだ。

「俺は小学校の頃から舞台に出ていたんだ」

と、駒一さんは美一さんに言った。

例えば、ある町の祭りでの公演のときのことだ。わずか一週間や二週間であっても、サーカスの子供たちは町の小学校に通い、風のように去って行く転校を繰り返さなければならない。ときには地元の小学校の児童をサーカスに招待することもあり、少年時代の駒一さんもクラスメートと一緒に客席に座っていた。

舞台が佳境を迎え、花形である空中ブランコの時間になると、舞台から「おい、駒一！」と声がかかる。すると、彼は客席からおもむろに舞台に上がり、するすると梯子《はしご》を登って飛行台へと向かった――。彼はいかにも可笑しそうに、美一さんにそんな思い出を語った。

原田サーカスの大きな特徴は、トラや象といった動物を多く抱え、動物による芸をショーの中心に据えていたことだ。駒一さんがキグレサーカスに来たのは、生まれ育った「故郷」である原田サーカスが畳まれることになったとき、キグレが動物たちを引き取ったからだった。サーカスでの動物の飼育はほぼ手探りで、世話に慣れた人間が必要だ。駒一さんは年上の「鉄っちゃん」という人と一緒に、「動物の料金に含まれて売られた」と言うのだった。

二人は子供の頃から動物たちと一緒に育ってきた。駒一さんは特にトラと仲が良く、爪が伸びて肉球に刺さらないように爪とぎをするのは彼の役割だったという。爪を切るときは麻酔をかけ、横になっている虎の爪を一本ずつ処置していかなければならない。だが、サーカスでの動物の飼育は自己流で、専門家がいるわけではない。トラがいつ目覚めるか分からないため、大人たちは話し合った結果、「仲良しの駒一」をその役回りに指名した。

「お前がやってこい、って言われてさ。俺が檻の中に入って、外から鍵をかけられるんだ……」

後楽園公演を終えたとき、二人は「次の街に行くまでに結婚しよう」と、どちらからともなく話した。

親しくなってからまだ三か月ほどだったが、美一さんはこのままキグレサーカスに残りたいという思いを強くしていた。頭の片隅にちらついたのは、保守的な故郷や母の姿だった。歌手としての仕事をやめ、後楽園公演のアルバイトもなくなるとなれば、母はきっと「東京にいても仕方がないから帰っておいで」と言うだろう。

でも、と彼女は思ったのである。

あの町には帰りたくない――。

そのためには、好きな人ができて結婚するという選択は、良い口実でもあると感じた。

いま自分はサーカスにいる、そこで出会った人と一緒になるつもりだ。母にそう伝えると、しばらくして姉から電話がかかってきた。

「どこの馬の骨とも分からない人と結婚するのはどういうことなの」

「じゃあ、馬の骨から電話させます」

そう言って実家にはあらためて駒一さんが電話をした。

結婚式は公演地である町田駅前の「ホテルラポール千寿閣」で行われた。ちょうど同じ時期にトランポリンチームの飯塚兄ちゃんとよしこ姐さんが結婚することになり、団長が「それなら一緒にやっちまえ」と二組の「合同結婚式」になったという。

芸人や興行を仕切る各地の歩方《ぶかた》たちが集められた。披露宴は驚くほど賑やかだった。テントで使う布団や電気釜などの電化製品が、結婚祝いとして次々に届けられた。

そうして美一さんは阿佐ヶ谷のアパートを引き払い、次の町田公演からサーカスでの生活を始めることになったのだった。

6

キグレサーカスでの生活を始めたとき、美一さんは必ずしも「芸人」になろうと思っていたわけではなかった。子供の頃からそれほど体が丈夫だったわけではなく、運動やスポーツを積極的に続けてきた経験もなかった。

だが、後楽園公演の時に一輪車で舞台には立っていた。サーカスでは誰かに何かを無理強いされることはないが、そこは「働かざる者食うべからず」という共同体でもある。そんなか、彼女は団長夫人の利枝《としえ》姐さんから、「舞台には出なくてもいいから、体を鍛えるために綱渡りくらいはやってみるかい?」と勧められた。

午前中、サーカスの芸人たちは朝食後に大天幕へ集まり、丸盆を中心に公演前の体操と練習を行う。かつては各々が自分に必要なメニューを考えて勝手にこなしていたが、外部からトランポリンチームが参加するようになって以来、チームを率いる八木正文さん――八木さんは皆に「リーダー」と呼ばれていた――の提案で、午前中の練習時間が設けられたという。怪我をしないようにしっかりと身体をほぐし、ショーのための芸を計画的に磨く――。それは物語性のある舞台を構成し、ショーの現代化を図ろうとしていたキグレサーカスの考えにも適ったものだったに違いない。

土と鉄と少しのかび臭さのある大天幕の中では、若い芸人たちがそれぞれに自分の動きを確かめている。基礎的な練習はどの場所でしても構わないが、カンスーや空中ブランコ、一本綱などは丸盆の上でなければできない。美一さんが始めたガネも同様で、各芸の練習は時間割に沿って行われていた。

一輪車の時と同じく、美一さんはガネの覚えも早かった。

ガネでは羽根を片手に持って、何の頼りもなく細い鉄線の上を渡っていかなければならない。芸人にも芸の種類によって得意不得意があり、一緒に練習を始めた他の新人が脱落していくなか、自分でも何故かは分からなかったが、美一さんは最後まで残った。

ちなみに、同じ「渡り」の芸であっても、例えば重量のあるバーをヘソのあたりで持つカンスーは、高さはあるもののバランスはとりやすいという。一方でガネには特有の身体感覚が求められ、キグレサーカス随一の美貌の持ち主である団長夫人の利枝姐さんは、このガネでの演技で多くの観客を魅了する人でもあった。

公演は平日二回、休日には四回。休日は一日を通して客の出入りする賑やかな時間が続く。午後の公演が終われば風呂に入り、夕食を食べ、ときにはお酒を仲間と飲んで一日が終わる――。

美一さんはサーカスで暮らすようになってすぐ、この延々と続いていく生活のサイクルに慣れ親しんでいった。

「何よりもね……」と、彼女は言った。

「あのときのわたしにとってサーカスは、とても安心できる空間だったのね」

小学生のとき、大好きだった父親を亡くした。誰もいない自宅の階段で、寂しさを紛らわすために歌をうたうことを覚えた。上京してからも歌手としての仕事に馴染めず、いつも自分は一人きりだという思いが胸に染みついていた。

それがサーカスでの生活では、常に誰かがそばにいた。困っていれば誰かが声をかけてきたし、ダメなものはダメだと教えてくれる。駒一さんが若手芸人や後見のスタッフに一目置かれる存在であったことも、美一さんの立場を良いものにした。そうしてくれる人たちがいつも周りにいることが嬉しかった。「ここには自分を気にかけてくれる人たちがいる」――そんな実感を得られた。

サーカスでは独身者には二段ベッドの並ぶプレハブの共同部屋が用意されるが、結婚して家族を持った者には住居としてテントが支給された。以後、朝夕の食事も「本部」におかずを取りに行き、それぞれのヤサで食べるようになる。

六畳ほどのテントでの暮らしでは、あまりに強い雨が降ると、ときどき雨漏りの心配があった。だが、気になると言えばそれくらいで、それ以外は生活に何一つ不自由を感じなかった。

夏の天気の良い日、美一さんはテントの入口を撥ね上げ、外を広く見られるようにするのが好きだった。雨上りのぬかるんだ土の上で、水たまりがきらきらと太陽の光を映している。そこをサーカスの人々が行き来し、子供たちの遊ぶ声や男たちの雑談が聞こえる。大天幕の旗を揺らすそよ風が、ふわりとテント内にも流れてくる。

夜になってもサーカスには様々な気配があった。

各家庭が飼っている犬、「ぼーやん」という隠語で呼ばれるサル、アシカやチンパンジー……。

動物たちの息遣いが感じられる。ときどき、夜闇に象の鳴く声が少し寂しげに響いた。そうしたざわめきの全てが、美一さんの胸に何とも言えない安心感を抱かせた。

生活費を心配する必要もなかった。彼女の給与は月に十八万円で、駒一さんの分と合わせれば貯金をしようと思えば十分にできる。休日には千円の食事代も支給されたし、ボーナスもあった。

もちろん仕事と生活が一体となった集団での日々には、ときおり納得のいかないこともあった。例えば、舞台では煌びやかな羽根と衣装を身に着けた女芸人たちが一輪車に乗り、連なって丸盆を回る。全員が息を合わせて同じ速さで走るため、誰かのペースが乱れると隊列が崩れる。ある日、一人が一輪車から落ちてしまい、それが美一さんのせいにされたことがあった。楽屋でみんなから責められ、悔しくてメイクも落とさないまま泣きながらヤサに戻ると、しばらくして利枝姐さんがなだめにやってきた。

「いろんな人が一緒に暮らしているから、そういうことも日常茶飯事で起きるのね」と美一さんは振り返る。

「でも、わたしが感心したのは、そういうことが起きつつも、サーカスの人たちとはいつもどこかでつながりを感じていたことね」

例えば、子供たちに対する眼差しがそうだ。

クリスマスイブの夜になると、誰が指示したり企画したりすることもなく、必ずサンタクロースの恰好をする者が現れ、子供たちへのプレゼントもいつの間にか用意されている。正月になれば、お年玉を配る。僕も自分のテントにポチ袋が山となり、千円札や五百円玉が狭い部屋に乱舞していたのを覚えている。次々とヤサに投げ入れられるように集まる現金に、母が目を白黒させていたものだ。

「我々も子供にお年玉やらなくちゃと思って稼ぐわけじゃん」と美一さんは笑った。

いつも「何か楽しいことをしてやろう」という意識が大人たちにはあった。ときには邪魔だと叱りつけながらも、サーカスという共同体全体が子供たちを包み込んでいた、と言えばいいだろうか。

そこにはサーカスならではの子供観があった。サーカスでは赤ん坊が泣いていてもあまり気にしない。通りかかった誰かが、「お腹がすいているのか」とミルクをやるときもある。僕の母もそうしていた。

夜になると、それぞれのヤサでは酒盛りが始まることもあるし、男たちの中には街に出ていく者もいる。都会であればスナックやバーの女を冷やかしに行き、二か月の公演の間に彼らはすっかり馴染みの客になる。

ときには誰かのヤサに集まって麻雀、チンチロリンやおいちょかぶといった博打をすることもあるし、一昔前まで遡れば「賭場」がどこかで開かれることもあったという。それは主に男たちの遊びだったが、美一さんもサーカス育ちの若い芸人に、スリッパを片手に持って頭をときどきはたきながら、麻雀を教えてやったこともあった。

「彼女がいなければ女も買いに行くし、車を持っていればちょっと改造してね。パチンコだって行きたいし、博打も好きな人が多かったよね。結局、結婚して子供でもいれば別だけれど、独身の男たちには宵越しの金は持たない、という価値観があったのは確かだった」

貯金などをしているとみんなから笑われる。給料日になると「本部のお母さん」が現金を手渡しするのだけれど、受け取って外に出ると〝借金取り〟が並んでいる、なんてこともある。

「若い衆が給料をもらうと、借りたお金を返していって結局何にもなくなる、みたいなね。まあ、何をするにしても一人じゃないし、スリルもあるし、自由で、制約がない。だから、誰も寂しくないのよね」

サーカスの人々には「家族」のようなつながりがある、と言われる。

僕は美一さんのことを、サーカスでは「美一ねえちゃん」と呼んでいた。「もし連くんが私のことを『姐さん』と呼ぶなら、たとえ一年しかいなくたって、やっぱり弟だという思いがずっとある」と彼女は続けた。

「自分の家の子ではないけれど、他の子がサーカスの子の悪口を言ったら、かかっていくような感覚というのかな。変な連帯感があってさ。例えば、わたしも芸人のまとめ役だったマーボー兄ちゃんにこう言われたことがあった。何かがあってめそめそしていたわたしを、彼なりに慰めようとしてくれたんだろうね。『もしサーカスの人間が誰かと外で喧嘩をして、相手を殺してしまったとしても、殺された方が悪いと俺は言ってやる』って。実際にはどうだか分からないし、とっても極端な表現だけれど、要するに『俺はどんなときだってサーカスの人間の側に立つからな』と言いたかったんだろうね。家族なんだから守ってやるぞ、って」

でも、それは今から振り返ると、本当に「家族」と呼ぶような関係性だったのだろうか、と美一さんは考えている。確かにサーカスにいる人々は当時、お互いを「兄さん」や「姐さん」と呼び合い、他人の子供であっても泣いていればあやし、赤ん坊であればミルクをやった。一つの独特のコミュニティが確かにあったし、それを「家族」と呼ぶ人もいるに違いなかった。

しかし、後に二人の息子の母親となった彼女は思うのだ。自分たちが本当に「家族」であるなら、親の立場の人は「あれはだめ」「これはするな」とその子を思って言うだろう、と。ときには「社会」というものの厳しさを教え、我が子が自立して生きていくことを願い、そのための道筋を見せようとするのが親というものだろう。

サーカスでの人間関係は彼女にとって、必ずしもそうしたものではなかった。

「むしろ、サーカスの人たちのつながりというのは、そうだね、わたしにとって『いてもいいよ』という感覚だった。だから、わたしはあの場所に来てとても安心できたんだと思う。子供たちに対しても、『いてもいいよ』っていうその感覚は与えられていた」

美一さんは、あなたもそうだったのよ、という感じにほほ笑んだ。

「子供たちはただただ自由にしていればいい、間違っていなければ何でもいい。でも『家族』はもっと複雑で、葛藤のある関係でしょ？　サーカスでは気の合った仲間同士が、お互いに『いてもいいよ』と受け入れ合っている、っていうのかな。『家族』というよりは、もっともっと楽な関係だったんじゃないかと思う」

そう語るとき、美一さんはかつての夫の駒一さんを思い出しているようだった。サーカスで生まれ、サーカスで育って芸人になった彼が、その場所を出た後にどのように生きたか。あるいは、生きられなかったのか。

「そう、サーカスにいるときはさ、楽でいいんだよ」

サーカスを出た後、モンキーパークで長年働いてきた彼女は「人間ってのは群れの動物でしょ」と言う。

「どんなに端っこであっても、人は居場所がないと生きていけない。サーカスで生まれ育った駒一が苦しんだのも、たぶんそのことだったと思う。サーカスっていう場所にはいろんな人が入ってくるから誰も何も聞かない。外の社会で何か問題を抱えてきた人は——わたしもそうだったように——その雰囲気がとても安心できたのね。だから、あの場所を経験した人たちにとって、サーカスはことある度に帰りたかったり、思い出したりする場所になるんだと思う」

キグレサーカスがなくなって十年以上が経った今、なぜあなたがあの場所を懐かしがるのか、なぜここに話を聞きに来たのか。きっと、連くんにとってもそうなのね——と、美一さんは言いたそうだった。

7

キグレサーカスに来てから七年後、美一さんは長男を産んだ。僕と母が彼女と短い一時期をテント村でともに過ごし、そして、離れて行ってから一年ほどが経った頃のことだ。

駒一さんとの間にそれまで子供ができなかったので、妊娠したときはまだ心の準備ができていなかった、と彼女は言う。医師から妊娠の経過が不安定だと言われ、舞台を降りて弘前の実家に戻った。出産後、乳飲み子を抱えてサーカスに戻ると、何か目に見える風景が少し変わっていた。

「自分にもサーカスを辞める日が来るんだ」

そのとき彼女は初めてそう確信したという。

十九歳のとき、ラジオ番組の仕事でキグレサーカスを訪れ、テント村で生まれ育った子供たちに話を聞いた。しきりに胸に浮かんだのは、そのときに感じた気持ちだった。

「インタビューをした子供たちが、大人になったら空中ブランコやトランポリンをやりたいと言っていた姿……。彼らの姿に自分の子供がオーバーラップしたの」

無邪気な笑顔でそう言う子供たちに対して、「サーカスの子たちは潑溂としているな」と単に思う人もいるだろう。だが、そのときふと胸に生じたのは、実は自分でも少し意外な感情だったことを彼女は思い出したのだ。

「可哀そうだな」

彼女はそう思ったのである。

サーカスで生まれ育った子供たちは、外の世界を全く知らないんだ——そのことが何だか不憫に感じられた。

自分は高校を卒業するまで弘前で育ち、親元を少しでも早く離れたいと思って東京に出てきた。シンガーソングライターの仕事は確かにつらかったけれど、どこにでも開かれた未来があるという思いこそが人を自由にする。サーカスの子供たちは確かに「自由」に見えた。だが、それは「側幕《がわまく》」で囲まれたサーカスという小さな環境の中でのみ通用する「自由」だったのではないか。この子供たちは、外の世界にもっと大きな自由の可能性が広がっていることを、この場所にいる限り知る由もなかったのだ——。

もし、彼らが——あるいは、今まさに成長している自分の子供が——普通の小学生であったら、と彼女は思った。わたしの質問には「野球選手になりたい」「トラックの運転手さん」「パン屋さんがいい」というふうに答えたはずだ。しかし、彼らの夢といえばサーカスの芸人になることであり、外の世界への関心はあらかじめ存在していないのだった。

「この場所で育てたら、この子もサーカスの世界の子になってしまう。駒一がそうであったように」

彼女は思った。

「わたしは母親として、せめて自分の子供には他の世界を見せないといけない、他にもいろんな世界があるんだと教えないといけない」

サーカスの公演は二か月に一度のペースで「場越し」をする。だから、小学校や中学校に通う子供たちは、年に少なくとも六回は転校しなければならない。出席日数が足りなくならないようにするため、次の公演地への移動日であっても、彼らはランドセルを背負って学校に行き、大学ノートに在籍証明を書いてもらっていた。

サーカス育ちの子供たちにとって、それはただの日常の一コマに過ぎなかった。短い間に出来た友達やクラスメートとの別れは、「バイバイ」の一言で終わる。

しかし、母親となってサーカスで子育てをしていると、その自明だった日々がまた違ったものに見えてくる。少しずつ長男は大きくなり、五年後に次男が生まれた。いつしか長男は丸盆の下にちょこんと座って、他の子供たちがそうしてきたように、母親のガネの演技を眺めるようにもなった。そんなとき、子供の目に映る世界について彼女は思いを馳せるようになった。

サーカスは人の出入りが激しい場所だ。公演地が変わる度に若いアルバイトが雇われ、様々な業者が絶えずやってきては作業し、芸人や裏方のスタッフも増えたり減ったりしている。美一さんの十四年間のサーカス暮らしにおいて、僕と母もそのようにやってきて、過ぎ去っていった親子だった。

そのなかで貫かれている「いてもかまわない」というサーカスの体質は、言い換えれば「来る者は拒まず、去る者は追わず」の世界であった。人々が入れ替わりながら、明日、また明日と舞台は続き、美一さんはガネを渡り、一輪車に乗る。大きな事故があり、キグレサーカスでは二人の芸人が死んだ。それこそ「家族」を亡くした哀しみがテント村を覆っても、翌日になれば舞台は続けられなければならない。

風邪を引いて体調が悪いとき、「今日はサーカスが休みならどんなにいいだろう」と思うこともある。だが、どんなときであっても、サーカスでは淡々と毎日がサーカスであり、舞台と稽古があり、いつもの「日常」が続いていく。

「人数が増えようが減ろうが、誰が生きようが死のうが……。サーカスというものは変わらずに動いていく。そんなふうにして十四年間も同じ日々を繰り返していると、『記憶』というものも何だかあやふやになっていく。誰かが入ってきたけれど、どこかでいなくなった。サーカスにやってきた誰かの思い出も、そんなものとして淡く胸に残るだけになっていくんだよね」

そうして一九九二年の宇都宮公演のとき、長男の小学校への入学をひかえて、美一さんたちがサーカスを離れる番がやってきた。

その別れは十四年という歳月の終わりにしては、あまりにあっさりとしたものだった——。

美一さんはそんなふうに振り返る。

幼い二人の息子と駒一さん、そして、自分……。

宇都宮公演では新幹線の宇都宮駅のすぐ近くに大天幕を張った。だから、テント村を出てしまえば、あとは東北新幹線に乗って美一さんの故郷の弘前に向かうだけだった。

テント村の中では送別会や別れの挨拶をする時間があった。だが、熱い抱擁を交わすわけではなく、駅にまで見送りに来た人もいなかった。サーカスを出たらそれで終わり。そんな感じの別れであった。

正月公演を終えたばかりの二月の寒い日だった。

新幹線のホームにぽつんと四人だけで立っている光景が、今でも彼女の胸には残っている。そのなかで、サーカス以外の「社会」を知っているのは彼女だけだった。テント村での大勢の人々との暮らしから離れてみると、そんな四人の「家族」はあまりに弱々しく、心許ない存在だった。

大きな荷物を持った美一さんと駒一さんと子供たちは、そのまま新幹線に乗って出発した。

北へと向かう列車の車窓を眺めながら、美一さんは泣かなかった。

そのかわり、

「あっけなかったな……」

と、思った。

でも、と彼女は続けて思うのだった。

それは、これまでわたしがあっけない別れをしてきたから、そういうふうになるんだ――。

「もっと一人ひとりに寄り添っていければよかったのかもしれないけれど、その頃のわたしは幼かったし、世間知らずだったし、自分自身のことで精いっぱいで、生意気で、協調性もなかった。だから、そういうふうにしてきたら、そういうふうに扱われて当然だよね。自分が人に対してそうしてきたように、自分もされていくんだよね」

弘前に帰った美一さんは、ひとまず母親の勤めていた自動車修理工場の仕事を手伝うことになった。この十四年のあいだに、母は一年間だけ水商売をして貯めた資金で弁当の仕出し屋を始めたが、しばらくして店が火事になった。商売を失って困り果てていたとき、雇ってくれたのが知人の自動車修理工場の社長だった、という。

一方の駒一さんは電気工事の会社で働き始めた。キグレサーカスでも「場越し」の度、施設の電気関係の作業を担当していた経験を活かせる仕事だったからだ。

美一さんが「サーカスで育った子供」の困難を知ったのは、弘前での生活が始まって二か月程が経ったときだった。

深夜、彼女が子供たちと寝室で寝ていると、アパートの別室からどたん、どたんという音が聞こえるようになった。眠い目をこすりながら襖を開けると、駒一さんが簞笥や机などを動かしていた。

駒一さんは最初、新しい生活と仕事に適応しているように見えた。ところが、しばらくすると、彼はどこかそわそわと落ち着きがなくなり、部屋の模様替えを何かに憑かれたように始めたのだった。そのような「発作」は模様替えを終えると一度は収まるものの、また二、三か月が経つと再び模様替えをせずにはいられなくなるようだった。

ちょうどサーカスでの「場越し」の間隔で彼がそれをしていることに気づいたのは、しばらく経ってからのことだった。弘前に来てから一年半ほど、その「場越し」代わりの模様替えが続いたのだった。

「一つの閉じられた世界で生まれ育った人は、ご飯を食べる術をそれしか知らない。じゃあ、そうやって育った子供たちが大人になって、そのまま外に出たらどうなるか。お酒の自動販売機の前で、倒れて死んでいたという人もわたしは知っている。後に孤独死をした駒一だって同じようなものよ。たぶん、彼はぜんぜん幸せじゃなかったと思う」

駒一はさ――と彼女は続けた。

「生まれたときからサーカスだったからね。やっぱり彼にとってみれば、あの場所から出るっていうのは、本当に勇気が必要なことだったんだと思う」

いて欲しい、でも、いなければならない、でもない、「いてもいいよ」という場所——そんなサーカスの世界から一歩足を踏み出せば、そこには全く異なる現実が待っている。

「サーカスにいれば、ご飯も心配なく食べていけたし、困ったことがあれば誰かがどこかで助けてくれた。でも、もともと外の世界から来たわたしは、未来永劫、ずっとそんな関係が続けられるとはやっぱり思っていなかった。お祭りというのはいつかは終わるものだから。でも、駒一は違ったのね。お祭りが永遠に続くと思っていた。どこかでの公演が終われば、次の場所に移動すればいい。彼はお祭りというものが終わった時の、あの寂しさを経験したことがなかったのね」

駒一さんは美一さんと別れるとき、中国人の若い彼女と一緒になれば、自分は必ず幸せになると言った。でも、幸せというものは「生き方を右から左へと移したからといって実現するものではない」と美一さんは言う。幸せになるために何をすべきか、そのためにはどんな目標を持ち、いつまでに何をすべきかを一つひとつ順番に考え、実行していく必要がある。美一さんはそう考えている。

「本来であれば、そこからがスタートなのに、サーカスで育った駒一にはそれができなかったのだと思う。わたしは中国のその子は国籍が目当てなんだ、と何度も説明した。駒一は『それでもいい』と言った。幸せになると言ったあの言葉は何だったんだろう。一つの家族を壊して出ていった彼には、それを実現する義務があったとわたしは思っている。それが悔しい」

僕がサーカスにいたとき、隣のテントに春子さんと甲子雄《きねお》さんという芸人の夫婦が暮らしていた。甲子雄さんはかなりの高齢だったが、舞台でのドラムロールを担当していた。その彼がサーカスを出て一年後に死んだとき、サーカスの幹部がこう言っていたと美一さんは話す。

「サーカスの男っていうのはさ。寂しくて死んじまうんだよな……」

二か月に一度、「場越し」のように模様替えを繰り返す駒一さんを見たとき、美一さんが思い出した言葉だ。

どうして連くんにその話をするかというとね——と言いたそうに、美一さんは少したため息をつくように続けた。連くんにとってサーカスという場所は、とても家族的で、人生にとっての良い経験と感じられる場所かもしれない。でも、わたしからすると、あの場所はもう少し別の世界だったように思うの……と。

「わたしたちはサーカスの中で、お互いを姐さんや兄さんと呼んでいたわけだから、一つの家族という意識は確かにあったと思う。でも、あの場所は気の合う仲間が集まっただけの、もっともっと気楽なコミュニティだったんじゃないかな。周りにいつも誰かがいて、助けてくれる人もいて、寂しい思いもしない——。そう考えればサーカスはいい場所かもしれないけれど、その先にある人生とはどういうものなのか、って」

弘前で五年間を過ごした後、美一さんは那須町のモンキーパークで働き始めた。

「最初は園の餌売りおばさんだったのよ」と彼女は笑う。だが、自宅の本棚を見ると、就職してからの彼女が多くの専門書を読み、園での経験を自身のキャリアへと粘り強く繋げてきたのは明らかだった。

彼女が那須モンキーパークで師と仰いだのは、園長だった堀浩さんという動物学の研究者だった。週に一度だけ園にやってくる堀氏が昼食をとる際の一時間で、彼女は一週間分の質問をして教えを受けたと振り返る。そうして知識と経験を積み重ねながら園内での立場を得ていったのだ。次第に彼女はレストランのなかでの動物パフォーマンスや事務の仕事にも携わるようになり、最終的には「常務」として那須サファリパークとモンキーパークの統括をすることになったのである。

「わたしにとってサーカスにいた十四年間は、もちろん何物にも代え難い時間」と美一さんは言った。

「おかげでいま、こうやってその時に出会った連くんが大人になって、わたしの話を聞きにもきてくれる。昔、世話になったと言ってくれる人もいる。それに、サーカスにいましたという話は、誰かに自分を印象づける上でもとても役に立ったものね」

でも、それはそれで一区切り——。

彼女はそう言うと、目を細めて少しだけ微笑んだ。

「それからの十九年間の動物園勤めが、わたしの人格形成に大きく影響したと思っている。たくさんの動物たちの命を通して、幼かった自分を大人にしてもらった、っていう気がするから。それで今は老人ホームにいて、人間の生の最期の期間を間近で見ていると、この世の中で自分が生きてきたということにどんな意味があったかを学びなさい、と神様から言われているような気持ちになるの」

キグレサーカスが負債を抱えて廃業したのは二〇一〇年。盛岡公演が最後の公演となった。彼女はその知らせをサーカスの幹部から電話で受けた。キグレサーカスには、勤務するモンキーパークの猿山から、三匹のサルを提供していた。その子たちを引き取って欲しいという連絡だった。

「他には何がいるの？」

「あとはポニーが一頭いる」

「分かった。すぐに迎えに行くから待ってて」

そんなやり取りのあと、美一さんは本社である東北サファリパークの社長の許可を取り、すぐさまトラックを手配した。

運転手やスタッフと近くのインターチェンジで合流し、動物を運ぶためのワンボックスをトラックの荷台に載せた。それは同社でゼロからキャリアを積み上げてきた彼女の行動力の為せる技であった。

盛岡の公演地に着くと、サーカスはもぬけの殻になっていた。

大天幕やあの親しんだテント村もそのままで、人だけがいなくなっていた。ワイヤーや金属を回収する業者が作業をしている横で、後片付けをしている若い男だけがサーカスの関係者であるようだった。

三匹のサルとポニーを車に回収すると、彼女は何かを懐かしむ時間もなく那須町に帰った。

それが彼女の見た最後のキグレサーカスの姿だった。

ひとかけらの記憶の断片からⅡ

キグレサーカスで働こうと思い立ったとき、母は東京の広告代理店でアルバイトとして働いていたという。

その頃の僕らは渋谷区の笹塚駅近くのアパートに暮らしていた。「男の子は騒ぐから部屋を貸したくない」と年配の大家が渋い顔をするため、母は僕の髪を伸ばしておかっぱにしていた。遠くからであれば「女の子に見えるから」というのがその理由だった。

母は僕が三歳のときに父と別れたそうだから、一年間ほどの母子家庭での生活にほとほと嫌気が差していたのかもしれない。保育園に行きたがらない僕に手を焼き、同じ母子家庭の友人と子供を預け合いながら働いていたが、それでは仕事が人並みにできない。

母が風変りだったのは、その中で子供と一緒に働ける職場を探し、サーカス団で働くというアイデアに辿り着いたことだった。

母が「サーカスで働こう」と思いついたのは、あるとき書店で手に取った一冊の写真集がきっかけだった。それは写真家の本橋成一さんが一九七〇年代から八〇年代初頭にかけてのサ

ーカスを撮影した『サーカスの時間』で、巻末に書かれていた彼の電話番号に電話をかけた。するど、電話に出た本橋さん本人が、

「それなら事務所においで」

と、言ってくれたという。

その日、本橋さんの事務所にはノンフィクション作家の上野英信さんが、ちょうど訪ねてきているところだった。北九州に縁のある母は、『地の底の笑い話』など筑豊の炭鉱を描いた作品を読んでいたので驚きながら、二人に「サーカスで子育てをしてみたい」と相談した。

「ええ!　芸人になろうという話かと思ったら、サーカスで子育てをしようっていうの?」

本橋さんと上野さんはそう言って目を丸くすると、

「それはいい!　サーカスで子供を育てるって発想はいいなあ」

と、口をそろえて賛成し、いくつかのサーカス団の連絡先を教えてくれた。

後に『サーカス村裏通り』という本を書いた母には、いずれはそこでの体験を書いてもいいという野心もあったのかもしれない。ただ、僕が大学の夜間部を卒業して恐る恐る社会に出た二十代の頃、一度だけ母がこう言ったことがあった。

「サーカス団に私が行ったのは、小学校に入る前のあなたにほんの少し、子供らしい時間をプレゼントしてあげたかったからだったのよ」

そのときは、そういうものかと思って聞き流した。母がサーカスで働いたのは、母子家庭の

生活の中での差し迫った選択だと思っていたからだった。

でも、いま、自分自身が父親となり、こうして夢と現の境にあるようなサーカスの記憶に混然となって育ったものを見つめていると、僕はその言葉に込められていた何事かを感じずにはいられない。

何より母の言葉通り、都会のアパートに二人で暮らし、保育園と部屋を往復するだけだった僕の生活は確かに一変したのだ。

ともに旅をする芸人たち、くわえタバコの舞台職人、売店のおじさんや炊事班の姐さん、動物たち……。僕は生まれて初めて同じ釜の飯を食う「家族」に似た人々の中で、兄弟のような友達を得て、テント村を泥だらけで駆けまわる一年間を過ごした——それは東京生まれの自分の人生において、二度とない奇跡のような時間だった。


……そのようにキグレサーカスに来た僕が、まっさきに魅了されたのは丸盆での煌びやかな舞台だった。

当時、サーカスでは平日には二回、休日には午前午後と四回ほどの公演が行われていた。僕はサーカスでの暮らしが始まってすぐの頃、テント村をどれだけ走り回って遊んでいても、ショーの始まる音楽が聞こえれば「あ！　サーカスが始まる」と大天幕へ一目散に向かった。

赤と青のストライプの天幕の隙間から「桟敷」と呼ばれる客席に入る。その途端、土とビニールの匂いが微かに混ざった、ほんの少しかび臭くもあるような空気に包まれる。今でも木下サーカスやポップサーカスを見に行くと、とてもよく似た匂いがそこにはある。

大天幕の中に入ると、そこは夢の世界だった。

外ではくぐもっていた音楽が鮮明となり、様々な色のライトが丸盆を照らしている。

僕はテントを支える木柱が舞台を遮らず、また、普段はあまりお客の座っていない席を知っていた。お目当ての席にたどり着いてしばらくすると、舞台は暗転して暗闇となる。観客席のざわつきが収まり、息を飲むようなしんとした静けさが訪れてから、サーチライトが舞台の中央に降りてくる宇宙船を照らし出す。

船の中から現れるのは、ぴっちりとした銀色の衣装を着た女性で、いつも村を一緒に走り回って遊ぶこうすけの母親の明美さんだ。

丸盆の上に一人、浮かび上がった彼女は周囲を見渡し、

「ここはどこ!?」

と、言う。

キグレサーカスの演目には、「宇宙への旅」というタイトルがあった。サーカスの星に宇宙船で降り立った女の子が、そこで様々な芸を目撃するという設定なのだ。

そこから始まるショーは、たちまちのうちに一つの世界を作り上げていく。

花道の幕が一気に引き上げられると、肩飾りを付けた白タイツの男たちが勢いよく飛び出し

てきて、宙返りを繰り返しながら舞う。間髪入れずにロングドレスに大きな羽根を付けた女たちが登場し、さらに白塗りの数人のピエロたちがローラースケートで舞台を駆け回る。桟敷からそれを見ている観客たちは――そして、僕は――その時点ですでにサーカスの世界の住人となっている。

そうして一気呵成のオープニングが終わると、「あんどん」（天井付近の作業場）から等間隔に三本の綱が降ろされる。最初の演目の「一本綱」だ。衣装から筋肉が盛り上がって見える二十代の三人の男――おたみさんの息子である健兄《たかし》さん、和枝姐さんの息子のハツオさん、「木暮」の名字を持つトシカズさん――が、流れるように綱に飛びついたと思えば、横に揺れながらするすると腕の力で登っていく。綱に取り付けられた輪に彼らが腕を通すと、下にいる同じく三人の後見（芸人をサポートする裏方）の人たちが三本の綱をぐるぐると回す。健兄さんたちは体をぴんと張り、足と片手で綱を持ちながらポーズを決める。丸盆の上でシンクロした豪快な動きを見せる三人に、わっと観客が声を上げて大きな拍手を送る。

この一本綱の次に登場するのは、美しい衣装を着けた女たちだ。彼女たちは背の高い一輪車に乗って丸盆をくるくると回り、手をつないで輪になったかと思えば、一斉に広がったりペアになって円を描いたりと隊列を変えていく。そして、テンポの良い音楽とともに丸盆の雰囲気を華やいだものにしながら、最後は自転車による「八人乗り」と呼ばれる芸を見せる。会場を見渡すように笑顔をふりまきながら。

その後、ピエロたちが合間合間に笑いを取りつつ、サルや犬、アシカの動物ショーが続く。僕は投げられた輪っかを首に次々とかけ、ひれで桟敷に向かって挨拶をするアシカの芸が好きだった。

舞台は二部制になっていて、そのように緩急を付けながら展開していく第一部の「宇宙への旅」のクライマックスが、「空中アクロバット」と呼ばれるプログラムだった。

みなが「空中アクロ」と呼ぶそれは、高さ七メートルの位置の鉄棒で、男女の芸人が二人で宙づり状態のまま行う芸だ。

空色の衣装を身に着けた男女が丸盆に現れる。ライトを浴びた二人は鉄棒を摑み、ウィンチでゆっくりと引き上げられていく。スポットライトが二人を追い、大天幕の壁面に大きな影ができる。観客たちは二人を桟敷から見上げる。命綱もつけずに舞台の中空に浮かび上がる二人の孤独な姿が、子供の目にもいつだって印象的だった。丸盆の上の空間に浮いているように見えるその姿が、どこか儚《はかな》いような美しさを感じさせたからだろうか。

この空中アクロバットでは、男の芸人――ここでは健兄さんだ――が女性を手やロープで支えながら、音楽に合わせて体を反らしたり、ポーズを決めたりと様々な動きを披露していく。健兄さんが片手を離して、腕一本で相方をぶら下げる。空中を回転する彼女の髪が円を描いて舞う。

そして、

「あっ！」

と、いつも観客が息を呑むのは最後のシーンだった。

それまでの優雅な音楽が、舞台を切り裂くようなピストルの音によって止まる。瞬間、足首だけでぶら下がっていた二人のロープの結び目がするすると解け、逆さまのまま一気に落ちて丸盆のマットの寸前でぴたりと止まった。何度も舞台を見てその結末を知っていても、ピストルの音とともに落下する二人の姿に鼓動が高まった。同時に初めてそれを見る客たちの驚愕の声を聞く度に、僕は「サーカスの子」の一人として得意げな気持ちにもなるのだった。

――第一部が終わると、暖色の照明がぱっと点き、僕らは一瞬で夢から醒める。現実のざわめきが再び生じる観客席の通路を、ピエロやユニフォームを着たアルバイトの売り子たちが行き来し、しばらくのインターバルが続く。

再び会場の照明が消えて暗くなる。第二部ではバイクの甲高い爆音が大天幕の中に響き渡ると、第一部の際には丸盆の後ろに控えていた巨大なかご状の鉄球が、電球でライトアップされながらレールに乗って前面に出てくる。そうして始まる「アイアン・ホール」は、二台のバイクがその鉄球の中を縦横無尽に走り回る曲芸である。

爆音を響かせる二台のバイクが縦に横にと球体の中を回ると、オイルの焦げたような排気ガスの匂いが漂う。僕は耳をふさいで、あまりにスリリングな芸を見る。なぜあの二台はあんな速さで球体の中を走っているのに、ぶつからないでいられるのだろう。それがいつも不思議だった。

そして、ツナギを着た二人のライダー――マーボー兄さんとハツオさん――が鉄球から出て、客席に手を挙げて去って行く。

次に始まるのが「カンスー」と呼ばれる高綱渡りだった。

カンスーはラストを飾る空中ブランコと並んで、キグレサーカスの「華」と言える芸のひとつだった。この芸では七メートルの高さに張った鉄線を、重さ十キログラムほどの長いバーを持って芸人が渡る。最初は二人の女性が一歩、一歩と鉄線を進み、中空で片足を上げてから座る。桟敷から見上げる鉄線はあまりに危うい高さに感じられる。背中に羽根飾りを付けた二人の影が下からライトで天幕に映し出されている。

そんななか、目隠しをしたピエロの亀ちゃん――僕と同い年のこうすけの父親だ――が次に現れ、足元の鉄線を探り確かめながら進んでいく。彼は途中で座っている女性に突き当たり、足を上げて乗り越える。そして、二人目の背中を同じように乗り越えた瞬間、シンバルが打ち鳴らされ、彼がバランスを崩して鉄線から足が外れそうになると、決まって観客からどよめきが起こるのだった。

続いて渡り始めるもう一人のピエロの小野さんは、鉄線の中央に椅子を置き、座ってバランスを取る芸を見せる。いったいなぜそんなことができるのだろう、と何度見ても思う。

後に聞いた話では、重いバーをヘソの辺りで持つと、ヤジロベエのように鉄線の上でバランスを取れるという。だから、「高さ」さえ克服すれば、カンスーは羽根を持つだけの綱渡り（ガネ）よりもずっと簡単なのだそうだ。だが、それは実際に鉄線を渡る芸人たちの言葉であり、下から見ている限りとてもそんなふうには思えない。命綱はなく、落ちれば怪我ではすまない危険な芸であるのだから。

そのように始まった第二部はその後、半被《はっぴ》姿の男女による「差物《さしもの》一本羽根だし」（一人の肩に載せた青竹の上に梯子を載せ、その上でもう一人が様々なポーズを決めていく日本ならではの芸）、あんどんから降ろしたブランコに手放しで乗る「大一丁ブランコ」、「ガネ」が続いていく。

そして、いくつもの椅子を積み上げて逆立ちをする「五丁椅子」、観客を舞台に上げて笑いを取るトランポリンショーが終わると、舞台の最後を飾るのが空中ブランコだった。

サーカスでは空中ブランコは単に「飛行」と呼ばれていた。丸盆の端から端までネットが素早く張られ、あんどんから二丁のブランコが降ろされると、派手な登場の音楽とともに七人の男女が颯爽と現れる。

一本綱でも芸を披露していた健兄さんとハツオさん、トランポリンチームで「リーダー」と呼ばれる八木さん、僕と同い年のはるなの父親である飯塚さん、ピエロ姿のマーボー兄さん、そして、隣のテントに暮らす春子さんもいる……。ドラムとシンバルを叩くのは、その春子さんの夫の甲子雄《きねお》さんである。

着ていたガウンをぱっと脱ぎ捨てた彼らは、すぐさま飛行台へ続く鉄の梯子を登っていく。一定のペースで梯子をきびきびと登るその姿に、いつも僕は胸の高鳴りを覚えたものだった。

空中ブランコでは舞台の真ん中に「中台」と呼ばれるブランコが降ろされ、その左右に一丁ずつのブランコが吊り下げられる。飛んでくる芸人を受け止めるこの「中台」には健兄さんが座る。ブランコから宙を舞う飛び手のタイミングが多少ズレても、彼はそれを受け止めて次のブランコへと渡す。飛び手はこの中台を信頼しているからこそ、思い切った演技をすることができる。

ショーが始まると、まずは手始めとばかりに飛び手たちが順番に天幕の端まで飛び、そこからまた飛行台へ戻ってくる。観客たちはただただ彼らを見上げ、感嘆の声を上げる。スポットライトの影が天井に映り、甲子雄さんのドラムが響く。

ぴっちりとした衣装が、芸人たちの鍛え上げられた体を際立たせていた。ブランコから飛び立つときの真っすぐな姿勢は美しく、僕もまた他の観客たちと心を一つにして彼らの華麗な技に見惚れた。

次第に回転や捻り技が加えられていく。そうなると、もう言葉はいらない。飛行台に戻ってきた八木さんや飯塚さん、春子さんたち。みな、どうだ！　とばかりに片腕を広げて笑顔で観客にアピールする。自然と拍手が沸き起こる。

サーカスのショーに憧れた人であれば、誰もがあの飛行台からの光景を想像したくなるだろう。天幕を埋め尽くした観客たちの視線を一身に浴びる気持ちは、どんなものだろうか。僕はそのことを想像し、ただ「すごいなあ、すごいなあ」と思っていた。

そうして時間を忘れさせるような舞台は、いよいよフィナーレへと向かっていく。飛び手たちは一人ひとり、受け身を取るようにしてネットに背中から降り、観客たちに最後の挨拶をする。最後に中台の健兄さんが降りてしまうと、すぐさまネットが片付けられ、天幕の中は真っ暗になった。

天井から下ろされたミラーボールに光が当てられ、プラネタリウムの星空のように天幕がキラキラと輝いた。そして、一斉に虹色の光がくるくると丸盆を回り始め、すでに耳に馴染んでいる曲が流れ始める。それはさだまさしの「道化師のソネット」だった。

笑ってよ君のために　笑ってよ僕のために
僕達は小さな舟に　哀しみという荷物を積んで
時の流れを下ってゆく　舟人たちのようだね

フィナーレではこれまでに登場した芸人たちと象などの動物が、音楽に乗って丸盆に勢ぞろいする。羽根のついた帽子や派手なフリル、ラメ入りの衣装が乱舞し、全員が笑顔で手をふってくれる。その様子は華やかな夢の終わりを告げていくようで、だから、僕はいつでも好きなだけサーカスを見ることができるのに、それでもやっぱり少し寂しさを感じた。

暖色の照明が点き、我に返った客たちが天幕を後にしていく。〈笑ってよ君のために　笑ってよ僕のために　いつか真実《ほんとう》に笑いながら　話せる日がくるから〉と歌う声が絞られ、会場に「ありがとうございました」「周囲の皆様への宣伝をお願いします」といったアナウンスが流れるなか、僕はいつも席に座ったまま後片付けが行われている丸盆の方を見ていた。心ではすでに午後の公演を楽しみにしながら。


それにしても——と今でも思うのだ。当時の幼い自分はなぜ、そこまでサーカスの舞台に魅了されたのだろうか、と。

その理由の一つは、僕にとってこのサーカスで見た芸の数々が、物心がついて初めて「表現」というものに触れた時間だったからという気がする。サーカスの芸人たちは、誰もが自らの身体ひとつで修行を積み、客たちを魅了するためだけに芸をしている。なかには健兄さんのようにサーカスで生まれ、中学を出てそのまますぐに芸人になった人もいる。

サーカスの舞台にいるとき、彼らはみな孤独だと思う。落ちれば怪我ではすまない場所で、命綱を付けずに肉体を駆使して技を見せる。彼らの行為には、芸というもので生きていく——あるいは食っていく——という覚悟と強い意志があった。その身体表現の切実な美しさに濃密な形で繰り返し触れ、僕は圧倒されていたのかもしれない。

そして、もう一つの理由は、当時のキグレサーカスの物語仕立ての演出の素晴らしさにあったに違いない。それは「物語」というものとの出会いであった、とも言える気がする。

当時の僕には知る由もなかったが、明美さん演じるウランちゃんの「ここはどこ!?」という言葉から始まるショーは、「木下」とも並び称された日本三大サーカスの中で、キグレだけが持つ魅力だった。それは若き団長としてキグレサーカスを率いていた水野氏の試みで、サーカスの星を舞台に繰り広げられる「物語」の構成は三木のり平によるものだった。「次は綱渡りでございます」と司会を入れるのではなく、物語の流れの中で数々の芸がシームレスに続いていくその構成は、後の「シルク・ドゥ・ソレイユ」に先駆けた斬新さがあったのである。僕はキグレサーカスのその「物語」に強く惹きつけられ、魅了されていたのだった。

さて、母に連れられてサーカスに来て以来、ほぼ全ての公演をひと月以上にわたって見続けた僕は、テント村の人びとから「れんのサーカス狂い」と呼ばれたという。僕は炊事係として働く母に対して飽き足りない思いを抱き、サーカスに出てほしいと何度も言った。そのため、母は「あんたも舞台に出ればいいっしょ。サーカスに来て一輪車もできんのは恥ずかしいぞ」とみんなにからかわれ、ほとほと困り果てたようだ。

「あのときのあんたは、本当に心配になるくらいだった」

と、大人になってから母に言われたことがある。

「私がサーカスから出るとき、団長にこう言われたくらいなのよ。あんなにサーカスが好きなんだから、連を置いていったらどうだ、芸人にしてやる、って。あのとき、サーカスにあんたを置いてきたら、どうなっていたのかしら……」

そんな僕の「サーカス狂い」が終わったのは、季節が夏から秋に変わる頃だったという。ある日の「差物一本羽根だし」で、青竹の上で演技をしていたシゲコ姐さんが落ちる事故があった。ドンという音がして、観客の悲鳴とともに天幕の照明が落とされた瞬間だけを、僕はおぼろげに覚えている。

よほどのショックを受けたのだろう。以来、僕は二度と母に「サーカスをやってほしい」と言わなくなり、公演の始まる音楽を聞いて天幕に入っていく数も少なくなったという。

第二章　サーカス芸人、女三代

1

戦争が終わってからまだ十年も過ぎていない一九五二年頃のことだ。

夜の十時を過ぎた時間になると、掛け小屋の外の車輪付きの檻にいるライオンが、決まって遠吠えのような少し悲し気な声で鳴いた。

「本部」と呼ばれる二十畳ほどの部屋で、母親が養子のように育てている芸人の「姐さん」たちと一緒に寝ている彼女にとって、「わお、わお」というその鳴き声は、まるで子守唄のような響きをもって胸に届いた。

布団を並べる「姐さん」たちは、口減らしで「子供を貰ってほしい」と親が連れてきた貧しい家で育った女性たちだった。おそらくまだ十六歳くらいの人もいただろう。みな「本部のおられていた。

外には舞台で桟敷の客に見せるライオンの他にも、トラやヒョウ、サルがいる。

ある日、その動物たちのざわめきが騒がしくなり、大人たちが慌てて掛け小屋の裏に長屋のように並ぶ寝小屋から飛び出していったことがあった。

サルが隣にいたトラをからかい、鉄柵越しにちょっかいを出すことはよくあった。それはサーカスの日常の微笑ましい一コマではあったけれど、ところが、そのときはちょうどタイミングが悪く、怒ったトラがサルの腕にかみついてしまった。サルの腕は鋭い牙によって食いちぎられ、すぐに動物病院に連れて行って一命はとりとめたものの、片腕になった。

「サルはよく脱走したよねェ」

と、美々《みみ》姐さん——僕は彼女のことをそう呼ぼうと思う——は言った。

「自分で紐を解いちゃうからさ。私もちっちゃいとき、何度も追いかけられたもんだよ。舞台に出るまでは高舞台の下に縛っているんだけれど、自分で解いて逃げちゃうわけ」

現在、鶴岡市の駅から少し離れた郊外に暮らす美々姐さんは、宮崎美々子という。彼女は数か月前に亡くなった夫の宮崎正利《まさとし》さん——芸人のまとめ役をしていたマーボー兄さんのことだ——とともに暮らした家で、ひとり静かに過ごしていた。

「私は連さんが来た頃は三十五歳くらいだったかしら。始めたのが二十五、六歳くらいで遅かったけれど、十年目くらいだったんだね」

二十代の頃、美々姐さんは高綱渡りの「カンスー」や空中アクロバットに出演していた。マーボー兄さんの妻で本部のお母さんの娘ということもあり、女芸人の中でも一目置かれる存在だった。

僕と母がキグレサーカスに来た時は、十歳のユリコ、二歳のマユミの母親だった。母親として高所で行う「高芸」を続けることにためらいもあったのだろう、その頃はガネと象使いをしている人だった。

「連さんたちがサーカスに入ってきたときは、母親が小さな子供を連れてサーカスに来るなんて大変だな、とは思った。ただ、あんまり交流はなかったかな。連さんのお母さんは炊事場だったでしょ。芸人同士なら話すけれど、炊事場には炊事場の縄張りがある。ただ、連さんがいつもお母さんにしがみついて、泣いていたのは記憶にあるかな」

美々姐さんはそう言うと、子供の頃の面影を探すように僕を見つめた。

幼い頃の記憶を思い出しながら、彼女はたくさんの写真を一枚、一枚と懐かしそうに僕に渡していく。これも、これも、とセピア色になった写真を渡されながら、特に興味を引かれたのは、無数の丸太が組み込まれた大きな建物の写真だった。キグレサーカスが「大テント」になる前、彼女が生まれ育った「掛け小屋」の骨組みだった。

そうそう、と彼女は笑った。

「動物の鳴き声を聞きながらいつの間にか眠りに落ちると、朝になって『トントントントン』という太鼓の音が聞こえて目が覚めるの。掛け小屋の上には櫓《やぐら》があって、年長の団員が太鼓を叩いて朝を伝えるのが毎日の日課だったから」

それは彼女にとって、小学校に入る前の五歳頃の、古き時代のサーカスの記憶の一つであった。

かつて掛け小屋だった頃のサーカスは——美一さんが子供の頃に弘前のさくらまつりで見たように——全国の祭りの「大荷」として公演が行われていた。

テントによる公演になってからは二か月に一度の場越しが通例になったが、この頃は祭りの期間の約一週間、短いときはわずか三日ほどで場越しが行われる場合もあった。まだ小学校に入学前の彼女には先の話だったけれど、サーカスで育ってきた小学生や中学生は、その度に転校を繰り返すという生活を送っていた。

新しい街に移動したとき、その土地で祭りの準備が始まると、彼女はサーカスの掛け小屋が組み立てられていく様子をよく興味深く見ていた。

掛け小屋に使われる丸太は、各地にいる「歩方《ぶかた》」と呼ばれる香具師の持ち物で、彼らは祭りそのものを仕切る土地の有力者だった。

いつも場越しのときには何もない敷地にトラックで大量の丸太が運び込まれていた。雇われた人夫たちが仕事を始め、掛け小屋が驚くような速さで組みあがっていく様子を、美々姐さんは飽きもせず眺めていた。

丸太の一本一本を縄で縛るために、人夫たちの腰には縄が何本もぶら下げられている。

「フラダンスの人みたいだなァ」

と、幼い彼女は思う。

人夫は丸太を一組ずつ縄で縛りつけながら、みるみる掛け小屋の骨組みを作っていく。大変な作業だが仕上がりは早い。そして、数日間の祭りが終わると、今度は鎌一本を手に天幕が取り除かれた後の骨組みにするすると登り、上から縄を手際よく切って歩方に丸太を返していくのだった。

当時、キグレサーカスの団員は祭りの間、この掛け小屋の中の裏手にテントを張り、長屋のように並べて暮らしていた。スペースが足りなければ高舞台の下にもテントを張り、主に独身者が住んだ。

美々姐さんが暮らしていた「本部」は、その中で最も大きな拠点となるテント部屋だった。畳の敷かれた部屋には長火鉢があり、奥には「神農黄帝《しんのうこうてい》」を祀る神棚があった。美々姐さんは『見世物小屋の文化誌』という本を取り出し、

「これと同じ木彫りの神様が祀られていたの」

と、言った。

神農黄帝は薬草と思しき草を口にくわえ、草の肩掛けを身にまとっている。同書によればこ

の神は中国の伝説にある人で、〈野山をかけめぐりあらゆる薬草を口にして、百回死んで百回生き返ったといわれている〉という。

〈黄帝〉は鍛冶屋や大工といった職人の神であり、薬の神である〈神農〉が合わさったものだという。サーカスの人たちの生活の場にこの神農黄帝が祀られるのは、聖徳太子が国分寺の門前に開いた「市」で物を販売した一族が、歩方に連なる香具師の由来だと伝わっているためだ、と同書では説明されていた。

美々姐さんの腕には火傷の痕がある。それはこの本部に置かれていた火鉢の周りで遊んでいた際、やかんをひっくり返してしまったときの痕だった。

「たぶん好きなことをし放題にして育っていたみたいね。本部の女の子たちはそんな私の面倒をよく見てくれた」

それにしても、なぜ美々姐さんはそのような「本部」で暮らしていたのだろう。それは彼女の複雑な生い立ちが関係している。

美々姐さんの母のてるさんは、キグレサーカスの創始者で初代団長の水野維佐夫の後妻だった。彼女はサーカス団の中の女親分のような存在で、若い衆の給料の差配や若手女性芸人の世話を担っていた。

美々姐さんは両親の馴れ初めを聞いたことがない。秋田出身のてるさんはおそらく見世物小屋にいた人で、サーカスを持っていた維佐夫さんとどこかの興行で知り合ったのだろう、とのことだった。

てるさんはサーカスでは誰もが頼りにする存在であり、自身も「ズマ」と呼ばれる手品や象使いの芸人として舞台に立っていた。

「やっぱり私は子供の頃、サーカスがとっても楽しかったんでしょうね」

美々姐さんは言う。

「みんながそれこそ家族でしょ。掛け小屋時代は特にそうだったから。昔は小屋がずっと狭かったから、歩方さんに口をきいてもらって、お寺にヤサを作って泊まらせてもらったこともあったの。お寺の本堂に荷物を置いて、その荷物を壁代わりにしてスペースを作ってねえ」

それにさ――と彼女はいかにも懐かしそうに、そして、幼い頃の「夢」を語るように続けるのである。

祭りのメインイベントともいえる「大荷」であるサーカスの子供には、どの土地に行ってもお守りほどの大きさの木札が配られた。彼ら、彼女たちはそれを首から下げ、見世物小屋ややぶに自由に出入りすることができた。

蛇使い、女相撲、オートバイサーカスやタコ娘、そして、人形芝居――。少しおどろおどろしい絵看板が並ぶ祭りは、いつも大勢の人でごった返している。

綿菓子やりんご飴も店の前に行けば、「おう、これ持ってけ」と気前よくテキヤの大人たちから渡された。そうやって祭りの会場を縦横無尽に歩き回るのが、サーカスの子供の特権であり終わりなき日常だった。そして、夜になると母親のいる「本部」には、芸人たちが近所の銭湯に行くための「湯札」をもらいにきた。美々姐さんはそれを一枚ずつ渡す役を得意になってやったものだった。

とりわけ札幌の中島公園での祭りでは父親が歩方であったため、夜が更けると、「本部」には見世物小屋の親分衆がその日の木戸銭の上がりを持ってやってきて、そのまま飲み会が始まった。

「当時は若い衆さんたちは炊事場で、それこそ立ったままご飯をかき込むようにして食べていたの。うちの母親は彼らのために本部を開放して、独身の男連中のご飯を本部で食べさせるようにしたのね。でも、昔は母が仏壇と神棚を守って、団長がいろんなお客さんと商談をする、それと同時に、親のいない子たちがいる場所だったのが、『本部』という場所だったんだね」

美々姐さんは酒盛りの最中、ときどき父親の維佐夫さんの膝に乗せてもらうこともあった。いたずらをして尻を叩かれて怒られたこともよくあったけれど、美々姐さんにとって維佐夫さんは優しい父親だった。先妻との間に年の離れた長女がいたらしいが、他の子供は男ばかりだったため、美々姐さんは彼にとって本当に可愛い娘だったのだろう。

「飲み会に来るのは『たいもと』という親方たちで、話を聞いているととっても面白いの。蛇は鼻から入れて口から出すんだけれど、鼻の中を噛まれるから血が出る。でも、しっぽから入れると鱗が逆立って入らない。そんな話を誰もが面白おかしく話していたから」

この「たいもと」の一人に、「人間ポンプ」として世に知られる安田里美（一九九五年没）がいた。大正十二年生まれの安田は四歳で岐阜の興行師に育てられ、舞台に立ってきた伝説の旅芸人だった。

ガソリンを飲んで火を吹いたり、ナイフを飲み込んで折りたたんで取り出したりする彼の人間ポンプ芸を、美々姐さんは目を丸くして見た。とくに糸と針を飲み込み、それをつなげて出す芸などは、「いったいどうなっているの？」と驚きを通り越して唖然とする思いだった。

本部で酒を飲みながら話す彼のエピソードには興味が尽きず、サービス精神に溢れた逸話の多くに、父の膝の上で美々姐さんは笑い転げた。

夜の酒盛りは毎晩のように深夜まで続いた。だから、彼女は眠くなると、長屋状に並ぶ他のテントに行って、そのまま寝ることも多かった。団員たちが彼女の世話を焼いたのは、団長の娘であったからではない。サーカスの子供たちは誰もがそのように育てられていた。

しかし、彼女は小学校に入るとき、母親の実家がある鶴岡市の祖母の妹の家に預けられることになる。

2

キグレサーカスを水野維佐夫が設立した一九四二年、日本には三十以上の興行団体があった。だが、戦時中はサーカスで働く芸人や団員も徴兵されて人員が減り、ショーの大きな見せ場の一つだった猛獣芸も、動物たちが殺処分されてできなくなった。残された芸人たちは軽業芸などで細々と小さな公演をして食べていたというが、終戦を迎えるまで大々的な公演を行うことは不可能な状態だった。

そんななか、美々姐さんは一九四七年、巡業先の秋田で生まれ、そのままサーカスで育った。この頃のサーカスは戦後の復興の渦中にあり、有田サーカスを運営する「有田洋行会」という興行団体から分派したキグレサーカスもまた、再建の最中にあった。

テレビのまだ普及していない時代、サーカスは人々にとっての貴重なエンターテインメントであり、「町にサーカスが来る」ということは「非日常」の祭りであり娯楽であった。

一方で一九四七年は翌年に児童福祉法が施行され、十五歳未満の子供を舞台に立たせることが原則禁止された時期だ。子供に芸を教えて舞台に出すという従来のやり方が、建前としてはできなくなったこの時期は、明治以降の日本のサーカスの一つの曲がり角だったといえる。

美々姐さんが小学校に上がるときに鶴岡に預けられたのは、長くても十日ほどで転校を繰り返すサーカスでは、まともな教育ができないと両親が考えたからだった。そこには〈公衆の娯楽を目的として、満十五歳に満たない児童にかるわざ又は曲馬をさせる行為〉をしてはならない、という児童福祉法施行の影響もあったのかもしれない。

彼女の祖母はもともと「人形芝居」の芸人だったが、妹夫婦は「カタギの人」であった。鶴岡の家にはすでに五人の子供がいて、そのうちの一人に八紘《やひろ》という名前の男の子がいた。後にキグレサーカスの衣装や構成を担当する八紘さんは、維佐夫さんとてるさんの間に生まれた美々姐さんの実の兄だった。そのとき、彼女は初めて自分に兄弟がいたことを知った。

鶴岡の家で暮らしはじめたとき、美々姐さんはまさか自分がそのまま残されるとは全く思っていなかった。ところが、二、三日して学校から帰ってくると、いるはずの母親の姿がどこを探してもなかった。そのとき初めて「この家に預けられたんだ……」と知った気持ちは、いかばかりのものだったろうか。

わけもわからず鶴岡に来た六歳の美々姐さんは、しばらくして「サーカスに帰りたい」と思うようになった。

「一つか二つ上の女の子にいじめられてねえ。向こうではザリガニをバケツ一杯にとってきて、おやつ代わりにして食べていたことくらいしか記憶がない。とにかくサーカスに帰りたくて、悲しい気持ちになっていたから」

小学校一年生の初めての夏休み、美々姐さんは親戚に連れられてキグレサーカスに「里帰り」をした。一か月ほど本部で母と暮らし、「祭り」の中での生活を続けていると、鶴岡に帰る日が瞬く間にやってきた。

夏休みの楽しかった日々が終わりを告げる——。

そう思うと、自然と涙が出た。

てるさんや維佐夫さんの前で彼女は泣き、

「帰りたくない！　いやだ！　いやだ！」

と、それこそ地団駄を踏んで主張した。

「絶対に帰らない！　と言って頑として泣いてね。北海道弁に『だはんこく』っていう言葉があるんだけれど、まさに駄々をこねてこねて。それで両親もすっかり困っちゃったのね」

結局、てるさんは根負けして美々姐さんを本部に置き、しばらく場越しの度に転校する「移動学校」（とサーカスの人々は呼んでいた）で娘を育てることにした。

それから一年間、彼女はサーカスでの生活を続けた。自ら駄々をこねて残ったサーカスだったが、いざ「移動学校」の日々が始まると、それはそれで子供心に大変な思いも多かった。

例えば、一週間ほどで転校をする度に、小学校からの帰り道が分からない。そのときの心細さは、今でも美々姐さんの胸に染みついている。

初日は団員が学校まで送ってくれるとはいえ、その日から帰りは子供たちだけだ。校舎を出て全く知らない町を歩きながら、彼女は朝に来た道を必死に思い出そうとするが、結局は迷子になった。

「サーカスはどこでやっていますか？」

道行く大人に何度も聞きながら歩き、遠くに掛け小屋の天幕が見えてくると、ようやくほっとする気持ちが胸に広がった。

勉強も学校によって各教科の進み具合や教え方が違うため、「習ったり習わなかったりで、しばらくは時計の読み方も分からなかった」という。だから、彼女も含めサーカスの子供たちは学校があまり好きではなかった。

その代わり、学校から帰ればそこにあるのは「祭り」の世界だ。掛け小屋に入ると、ときどき衣装を着た母がズマを高舞台で披露していた。

例えば「胴切り」という芸では、若い女芸人の入った箱を二つに切って見せる。また、「大ズマ」と呼ばれる人間大砲は一つの見せ場で、一人の芸人を吊り下げて樽のような大砲に入れるのを桟敷の客に見せた後、「ドーン」という音でみなを驚かした瞬間、大砲に入ったはずの芸人が舞台の高いところに現れる。もちろん二人は別人だが、大砲の音とともに人が瞬間移動したように感じさせるのが母の芸の腕の見せ所だった。

美々姐さんは舞台を見ているうちに自分でも何かをしてみたくなり、団員にねだって小さなピエロ役で出演させてもらうこともよくあった。大きなグローブをつけて、丸盆に作ったリングでカンガルーとボクシングをしたこともある。話を聞くと危険そうだが、「蹴られてもぜんぜん痛くなかった」と彼女は笑った。

そして、場越しの度に楽しみだったのが、宣伝で町を練り歩く「町回り」のパレードだ。

地元のカーディーラーに借りた数台のオープンカーに飾り付けをして、化粧をして着飾った女芸人やサルが手を振りながら町をゆく。楽隊が楽器をかき鳴らし、芸人やピエロがちょっとした芸をしながら進んでいくパレードでは、いつも沿道にたくさんの人だかりができた。

人々の表情は好奇心に満ち、「この町にサーカスが来た」という期待を目に浮かべていた。美々姐さんも化粧とつけまつげをしてもらって、一緒にオープンカーに乗った。そんなとき、パレードの目玉として象に乗っていたのがてるさんだった。象にまたがったてるさんはにこやかに手を振り、ある場所ではふみ台を使って象を立ち上がらせて見せた。

「でもね――」と彼女は言う。

「結局、私がサーカスで移動学校をしていたのは、それからの一年間だけ。二年生になるときに、今度は父の実家の札幌に預けられたの。そこには腹違いの兄弟が四人いて、そのうちの一人が後の団長。あとは大人になるまで、両親とは春夏の休みと興行が北海道であるときに会うだけだった」

その後、美々姐さんは札幌の短大を卒業し、キグレサーカスへと戻ることになる。夏休みにサーカスに遊びに行ったときに出会った宮崎正利さん――マーボー兄さんと恋に落ちたからだ。美一《みいち》さんが駒一《こまいち》さんと出会い、サーカスの芸人になったのと同じパターンである。

3

みなにマーボー兄さんと呼ばれて親しまれた宮崎正利さんは、もともと有田サーカスの芸人だった人だ。

有田サーカスは「有田洋行会」が運営していたサーカスで、座長は有田芳子という女性だった。彼女は北海道の興行を仕切っていた木暮初太郎の恋人であり、その舎弟として有田洋行会にいたのが後にキグレサーカスを興す水野維佐夫だったという。「兄弟分」である初太郎の名字を、父の維佐夫さんが受け継いだのがキグレサーカスだと美々姐さんは聞いている。

有田サーカスは福井県での公演の際、台風で大きな被害を受けたこともあり、経営が思わしくなくなって廃業したという。このとき、「胴切り」などのズマの仕掛けとともに、四、五人の芸人をキグレサーカスが引き受けることになった。そのうちの一人が後に美々姐さんの夫となるマーボー兄さんだった。

美々姐さんが彼と出会ったのは一九六三年、夏休みや春休みをキグレサーカスで過ごしていた高校二年生の時だった。

マーボー兄さんは大分生まれの芸人で、もともとは有田芳子の兄が別府に持っていた「松濤館」という芝居小屋にいたという。それから有田サーカスに来た彼は、あらゆる芸を披露するエース級の芸人だったそうだ。

キグレサーカスでも芸の腕が買われた彼は、空中ブランコの前の口上でも「当団の花形、宮崎正利!」と紹介され、颯爽と舞台に登場するようになっていく。美々姐さんはその芸にほれ込み、公演が終わった後に仲間と一緒に映画や食事に行くうちに親しい友人となった。

札幌の短大を卒業してしばらくして、彼女はマーボー兄さんと恋仲になり、一九七一年に二十四歳で結婚した。掛け小屋時代はすでに終わりを告げ、キグレサーカスは大天幕で日本全国を回るようになっていた。父親の維佐夫さんは一九六九年にガンで亡くなり、美々姐さんがサーカスに来たときは、母親のてるさんが団長代理という形で座長を務めていた。

例によってサーカスでは夫婦になると、六畳ほどの広さのヤサが支給される。二十代の頃の美々姐さんは「先のことは一切何も考えない性格」で、ただただ結婚したことが嬉しかった。マーボー兄さんはオートバイや空中ブランコのピエロ役で舞台に立ち、彼女はしばらく売店の売り子や木戸口での切符売りをしながら暮らした。

サーカスでは誰かに「芸人になれ」と無理強いされるようなことはない。それでも彼女が「芸をやってみようかな」と思ったのは、長女のユリコを出産して一年ほどが過ぎた一九七三年頃のことだった。

小学生の頃、掛け小屋の舞台に出たがっていた美々姐さんは、芸人へのちょっとした憧れのようなものを胸に抱えていた。

何しろ幼い頃からずっと間近で見てきたサーカスである。

空中ブランコや空中アクロバット、カンスーやガネ……。

どれを見ても今の自分にできそうなものはなかったが、誰にともなく芸人をしてみたいという思いを伝えると、「まずは一輪車を練習してみたら」と言われた。

「それで舞台が終わった後の夜と朝に練習を始めたんだけれど、二十歳を過ぎたら覚えも悪くなるしねェ。覚えるまでに二、三か月はかかったかな。でも、初めて舞台に出たときは嬉しかったよ」

と、美々姐さんは言う。

それから次に練習を始めたのが、七メートルの高さでバーを持って鉄線を渡るカンスーだった。高さに対する恐怖は全く抱かなかった。

「たぶん、『その芸をやってみたい』という気持ちがそれだけ強かったんだと思う。怖いという気持ちよりも『やってみたい』という気持ちの方が勝っていたんだね」

最初は命綱をつけて渡ることを繰り返し、次第に慣れてくると彼女は舞台に出るようになった。

一輪車にカンスー、そして、三人の芸人が空中で同時に様々な動きを見せる一本綱――。美々姐さんは次々と芸を覚え、数年のうちにすっかり女芸人の中堅としてキグレサーカスの要を担うようになっていった。

正月公演や各地での千秋楽、桟敷が超満員となった舞台で芸を披露すると、感激した客たちが口をぽかんと開けて自分を見上げている様子が目に入る。テント内に反響する大きな拍手を受けるとき、幼い頃の掛け小屋での光景がいつも胸には甦ってきた。そうした反応に包まれながら舞台に立つと、「良いものを見せよう」と気持ちにも張りが出る。そんな芸人冥利に尽きる瞬間は、何度経験しても飽きるということがなかった。しかし――。

「ただね――」と彼女は続けた。

「それまではぜんぜん怖くなかった高物の芸を、あるときから怖いと感じるようになったんだよね」

きっかけは、キグレサーカスで起こった二つの死亡事故と次女・マユミの出産だった。

一つ目の事故は一九七七年の水戸公演の際、栗原徹という名のピエロ役の芸人がカンスーのとき、バランスを崩して落下したというものだ。

栗ちゃんと呼ばれて親しまれた彼は、当時のサーカスの芸人の中でも異色の経歴の持ち主だった。

大学を卒業後、写真家を志していた彼は、サーカスで生きる人々を撮影するためにキグレへとやってきた人物だった。

栗原は最初こそ風変りな若者だと思われていたが、明るい性格と持ち前の人懐っこさでサーカスの暮らしに溶け込み、次第に裏方の仕事を手伝うようになった。それでも飽き足りずに芸の練習を始めた彼は、いつしかピエロとして舞台に立つようになっていった。

栗原はサーカスをこよなく愛する男だった。ストリップが好きで、ファンになった踊り子を毎日のように見に行く一面があった一方、夜遅くまで様々な芸の練習を一人でも続ける努力家で、その姿にはもともとサーカスにいた人々の胸を打つ真剣さがあった。

いずれ貯めたお金でヨーロッパに渡り、写真を撮るために世界中を回るのが彼の夢だった。

パントマイムや高度な芸を披露するそのピエロ芸は、これまでは演芸中の合間の余興だった日本のサーカスの「ピエロ」を、ショーの中の一つの華に変えるものだった。彼は「ピエロの栗ちゃん」として人気を博し、キグレサーカスに欠かせない芸人の一人になっていった。

ところが、一九七七年の十一月、栗原はカンスーの演技中にバランスを崩し、丸盆へと落下した。

カンスーは見た目こそ派手に見えるが、十キログラムのバーでヤジロベエのように重心を調整できるため、芸人の中には「誰でもできる簡単な芸」と言う者もいた。だが、それでも七メートルの高さで前に座る女芸人を乗り越えたり、鉄線の上で椅子に乗ったりする芸が「危険」でないわけがなかった。

栗原が鉄線から足を踏み外したのは、渡りの途中で椅子に座ってポーズを取り、再び立ち上がって後ずさりで戻ろうとしていく際のことだった。

その落ちていく姿を、次に渡る順番だった美々姐さんは目の前で見ていた。準備のためにそろそろバーを持とうか、と思った瞬間の出来事だった。客席の悲鳴とどよめきの中で、夫のマーボー兄さんが舞台に駆け寄って彼を抱えるのが眼下に見えた。

頭を強く打ったのだろう、彼は耳から血を流して意識を失い、運び込まれたテントの中で横たわっていびきをかいていた。救急車で病院に運ばれた後、彼が亡くなったことが伝えられたのは、事故から三日後のことだった。それはサーカスの人々にとって、一人の家族ともいえる若者の死であった。

翌年、キグレサーカスではさらなる不幸が続いた。一本綱の演技の最中、あんどんの主であったチョンちゃんこと清水さんの妻・ひろこさんが落下したのである。

一本綱では最後の場面で、綱を回転させて三人の芸人が丸盆の上を舞う。美しい衣装を着た三人の芸人が綱に手を絡ませ、宙をくるくると回る姿は幻想的で、桟敷から大きな拍手が沸き起こる見せ場であった。

その際にひろこさんの手が綱から外れた。このときも反対側で回っていたのが美々姐さんで、落ちたひろこさんに駆け寄ったのもマーボー兄さんだった。

「あのときはお父さんが『おい、大丈夫か！』って抱えたら、ものすごい力でぐっと摑まれたんだと言っていた。『すっごい力だったぞ』って。そうとうに苦しかったんだと思う。キグレで芸の最中に誰かが亡くなったのは、後にも先にもこの二人だけなの。その二つの事故に私は目の前で出くわしてしまったのね」

以来、美々姐さんは高物の芸に初めて怖さを感じるようになった。「もうやりたくない」と一度思い始めると、演芸中も気持ちが乗ってこない。ひろこさんの事故の後、次女のマユミを出産すると、その思いがなおさら強くなっていった。

事故を間近で見たことが原因なのか、以来、車に乗っていたり、休みの日に買い物で街を歩いたりしているとき、動悸が激しくなって息苦しさを感じるようにもなった。そのことは夫にも芸人仲間にも言わず、「なんでこうなるんだろう」とサーカスを出た後も十年以上、一人で抱え込んだ悩みだった。あるとき「パニック障害」について書かれた新聞記事を読み、「あ、私はこれだったんだ」と知って、すっと気持ちが楽になるのを感じたと美々姐さんは言った。

マユミを出産した後、彼女はてるさんから代替わりした若き団長に、

「もう高いところは嫌です。低いところの芸をやらせてほしい」

と、直訴したと振り返る。

「でも、バーを持たないガネの方が、芸としてはずっと難しくてね。練習でも本番でも何度も落ちたものだよ。年齢は三十歳を超えていたし、新しい芸を覚えるには年を取り過ぎていたんだろうね。感覚より頭で先に考えちゃうから、なかなか上手くいかないのよ」

一方、美々姐さんが三十代になった一九七〇年代後半は、サーカスが全国的に大きな人気を博していた時期でもあった。キグレサーカスの公演も場所によっては連日の満員が続き、後楽園球場という「大箱」での公演が三年連続で行われたのもこの時期だった。

だが、そのなかで家族主義的なキグレサーカスの世界にも、ほんの少しずつ「時代」の変化が訪れていたのだろう。例えば、写真家の本橋成一さんが一九八〇年に刊行した写真集『サーカスの時間』に、小沢昭一氏が次のような文章を寄せている。

〈もともとサーカスは、超人的な体技を見せるものです。しかし超人技は、世の中の一般的、

常識的、日常的な土壌からはどうも育ちにくい。だから一億総ホワイトカラー化した現代社会は、どだいもう超人的サーカス芸を生み出すには不適当な仕組みになっているのかもしれません。しかしこれは、なにもサーカスに限ったことではなく、大工でも刀鍛冶でも落語家でも、閉鎖社会の中でこそ磨きぬかれた技芸が、開かれた合理化社会になるにつれて、なだれを打って衰退して行ったのです〉

小沢氏はこの文章の中で語っている。演者の若返った〈スピーディーにショーアップされた〉サーカスでは、テントでの暮らしもまた明るくなり、〈〽旅のつばくろ、わびしじゃないか……の、閉ざされた暗さなどどこにもなく、いまやサーカスは開放された芸能集団〉である、と。美々姐さんが舞台の一線で芸を見せていたのは、まさにこのようなサーカスの変化の時期であった。

そのうちに二人の娘は成長し、美々姐さんはユリコを十歳の時に鶴岡の祖母の家に預け、マユミとマーボー兄さんと三人でサーカスで暮らすようになった。それはちょうど僕自身がキグレサーカスにいた頃で、母親のてるさんも高齢の母（美々姐さんの祖母）を心配し、長く暮らしたサーカスを降りて鶴岡に帰ったタイミングだった。

「マユミが小学校に上がるときに、お父さんと話し合って決めたの。サーカスで育って、ずっとサーカスにいたら将来が心配だったから。世間知らずになるからね、ああいうところにいると」

小学校に入って「移動学校」が始まったとき、長女のユリコは転校の度に泣いた。校舎まで連れて行って帰ろうとする美々姐さんを泣きながら追いかけ、しがみついて離れなかったこともあった。

「今日は連れて帰ってください」

と、教師から言われたときの気持ちを、美々姐さんはときどき思い返してきた。

ユリコは低学年を終えると泣かなくなったが、これからマユミが小学校に入ったとき、同じような思いをさせたくない、我が子がそのように泣く姿を、もう二度と見たくないという思いも彼女の裡にはあった。

マユミと親子三人で、てるさんとユリコのいる鶴岡に戻る――。そのとき美々姐さんは四十歳、芸人を取り仕切っていたマーボー兄さんもその案に賛成した。

「鶴岡での生活は最初はとても大変だったよ。お父さんはサーカスの生活しか知らない人でしょ。だから、シャバの世界での常識がないというか、ちょっとズレているのね。家賃、光熱費、食費もぜんぶ自分たちで払うわけだけれど、その感覚がなかなか身につかなくて。私は二十歳を過ぎるまで『外』の世界を知っていたけれど、お父さんのその姿を見て、やっぱり勉強して社会や世の中を知ることが、どれほど大切なことかを思い知った気がする」

マーボー兄さんは鶴岡に来てから、一度はカレーショップを始めるが一年ほどで店を畳んだ。その後、クリーニング店や地元の石材店に就職し、最後は漬物工場で働いた。キグレサーカスでは芸人をまとめる芸能部長だった彼にとって、その日々は苦労と悔しさの連続だったのではないか。美々姐さんは今でもそんなふうに思う。

「サーカスって、世間ではちょっとうらぶれたイメージを持つ人もいるでしょう。でも、実際はすごく生活も楽だし、仲間もいて温室のような世界だったのよ。宵越しのお金がなくても、お金に困れば『貸してくれ』と言える人もいる。誰かが助けてくれるし、いつだって一人ではないから。でも、世間に出たらそれこそ反対だからね。家族だけで、助けてくれる人は誰もいない。それがいちばん身に応えた。仲間がいない、という寂しさだよね。それでも私たちがやっていけたのは、マーが意外に人付き合いが上手だったからかな。いつもは苦虫をかみつぶしたような顔をしている人だったけれど」

宮崎夫婦は鶴岡に戻ってから、よほど仲良くなった人にしか「サーカスにいた」という話はしなかった。美々姐さんがあるとき、ふと「前にサーカスにいたんだ」と話したとき、「あの売られていくところね」という偏見の目で見られた経験があったからだった。以来、彼女はキグレサーカスにいたことを隠すようになったという。

ただ、こうしたサーカスに対する偏見については、前述の写真集『サーカスの時間』のなかで本橋成一さんが次のような興味深い逸話を紹介している。

——あるとき、本橋さんが長野県の飯田にあるサーカスを訪ねた時のことだ。最終公演を終えた夕暮れの時間帯、五歳くらいの女の子が破れた風船を持って泣いていた。大天幕の外に連れ出されても駄々をこねるその子に、母親がこう言ったのを彼は聞いた。〈サーカスに置いていきますよ〉と。

おばあさんが孫に言っているのではない。若い母親が子に言っているのだ。

日本のサーカスといえば、すぐに「人さらい」「酢を飲ませて」などのイメージでいっぱいになる。

ぼくも、このことはサーカスに通いだしてからなぜか意識し、そして意識的に無視してきた……今は新しいサーカスが始まっている、そんなイメージを懐くのは中年以上の人たちだ……と。

ところが、ある日、一人の引退した芸人と話していたとき、その人がこう言ったと本橋さんは続ける。

〈当時、食うものも食えない世の中だったから、子どもをたくさん預かったんだよねえ。それを世間さまは『人さらい』にしてしまったのだよ。でも、サーカスの方だって、それをあえて否定しようとしなかった。わたしなんか、どちらかというとニコニコ顔の方で、団長からおまえはもっと恐い顔をしろと、よく怒られたよ。『酢を飲ませて』などはむしろサーカスの方で言いだしたのではないか〉

食えない子供をたくさん預かった――という話は美々姐さんの記憶とも符合する。戦後すぐの頃の新聞を読むと、貧しさの中でサーカスの芸人になったという人々の哀話が多く載っているが、本橋さんはこの元芸人の話を聞いてこう思ったと書いている。

〈その言葉は、今までのぼくの思い込み、勝手な先入観を根元からひっくり返してしまった。サーカスの人たちは、実はうんと逞しく生きてきたのだ。「人さらい」「酢を飲ませて」をキャッチフレーズに、「美しき天然」「サーカスの唄」をCMソングにして、客はそれにつられて、恐いもの見たさや哀愁のイメージを求めて集められてきたのではないか〉と。

だが、昭和が終わり、平成の時代から現在に至るまで、サーカスはそのような「イメージ」を引きずることになったところがあるのかもしれない。少なくとも美々姐さんたちはそう感じていたからこそ、軽々しく周囲にサーカスの話をしなかったのだから。

とはいえ、子供たちにとって、キグレサーカスにいたことは自慢で、学校では「お父さんとお母さんはサーカスにいたんだ」と得意げに話していた。そして、それから十年以上が経ったとき、宮崎家とキグレサーカスは再び強いつながりをもつようになる。

高校を卒業したマユミが、「サーカスの芸人になりたい」と言い、鶴岡の家を飛び出るようにしてキグレサーカスに入団したからである。

4

美々姐さんの話を聞きながら、「それにしても——」と僕は思った。

彼女は掛け小屋時代のサーカスで生まれ、てるさんが自分と同じように娘として育てる十代の芸人とともに過ごした。自らも一時期は「移動学校」に通い、その後、キグレサーカスの世界を愛し、長く芸人を続けてきた彼女は、なぜそれほどまでに二人の娘をサーカスから引き離そうとしたのだろう、と。

そもそも日本におけるサーカス団の起源は、一八八六年に来日したイタリアの「チャリネ大曲馬団」がきっかけだったとされる。

キグレサーカスと同時代に大きな人気を誇り、今も日本を代表するサーカスである木下サーカスの歴史を描いた山岡淳一郎著『木下サーカス四代記』によると、このチャリネ大曲馬団は翌年にも来日し、観覧した明治天皇・皇后も大いに感嘆したという。興行師の二代目・奥田弁次郎はその後、「日本チャリネ一座」を企画し、〈イギリス仕込みの曲馬や軽業に日本の伝統芸を織り交ぜて全国を巡演した〉。尾崎宏次著『日本のサーカス』には、五代目菊五郎がこの公演に強く影響を受け、自ら象使いになって歌舞伎の出し物に加えたともある。

この曲馬団では馬や象、熊による猛獣芸が人気を博し、一九三三年にドイツの「ハーゲンベック・サーカス」が来日した頃から、曲馬団は日本でも「サーカス」と呼ばれるようになる。そうして、二十世紀の前半に旗揚げされていったのが、後に維佐夫さんがいた有田洋行会の有田サーカス、木下サーカスやシバタサーカス、原田サーカスなどだった。

太平洋戦争を経た後、キグレサーカスは戦後の復興の中で大きくなっていった団体だった。そこにはサーカスで生まれた人々が、その中で宿命や運命のように芸人となり、芸人として死んでいく世界があった。まだ幼かった美々姐さんが掛け小屋時代に出会ったのは、日本のサーカスの黎明を担ってきた芸人たちであったことになる。もしこの時代にサーカスの芸人をしていたとすれば、彼女もまた娘たちをサーカスで育てていくことに葛藤を抱かなかったかもしれない。

思えば、彼女の母親としての心の揺れは、それまでの家族主義的なサーカスの世界が、バブル経済の最中にあった一九八〇年代後半の日本社会の変化と、まさに交錯した時期と重なっていた。

例えば当時、木下サーカスではスタッフのヤサはいち早くプレハブになっていたようだし、芸人たちは単身赴任で舞台に立つようになっていた。対してキグレサーカスは「家族主義」にこだわっていたところがあり、そこに現代の企業として適応していこうとする木下サーカスとキグレサーカスの違いがあったことを、僕は『木下サーカス四代記』を読みながら感じた。

日本の発展と核家族化が進む中での価値観の変化は、この時期、キグレサーカスの側幕で囲まれた世界にも色濃く侵食し始めていた。美々姐さんが格闘していたのも、そうしたサーカスと社会そのものの「変化」であった。

そのなかで、美々姐さんの長女のユリコさんは「外」の世界で生き、次女のマユミさんはサーカスという「内」の世界へと舞い戻っていった。僕はその二人に話を聞きたいと思った。大正生まれのてるさんから美々姐さんに受け継がれ、さらにその娘へと引き継がれていった芸の世界——そこにはキグレサーカスが辿った始まりから終わりまでの「時代」の変化が、一つの物語として現れていると思ったからだ。

二〇二一年十一月と十二月、僕は美々姐さんの長女のユリコさんと次女・マユミさんに会いに行った。最初に話を聞いたのはユリコさんの方で、彼女とは本八幡駅前のファミレスで会った。ユリコさんは四十八歳で、高校生と中学生の娘をこの街で育てていた。病院の医療事務の仕事をしているという彼女は、少し髪の毛を茶色く染めており、凛とした目が印象的な人だった。

ドリンクバーで飲み物を取ってきてからマスクを外すと、彼女は笑顔で「れんれんは変わってないねえ」と言った。僕と母がキグレサーカスにいたとき、彼女は十歳の小学五年生だった。その年にてるさんのいる鶴岡に預けられた彼女とは、二か月ほどしか一緒にテント村での生活をしていなかったことになる。

それでもほぼ四十年ぶりに会う僕を、当時のままのあだ名で彼女は呼んだ。それがサーカスという共同体にいたことのある者のルールであるかのように。

「あの頃はさ――」

と、彼女は懐かしそうに言って、一緒に過ごした同世代の仲間の名前を挙げていく。

「サーカスにも子供がたくさんいたよね。私より年上のしょうちゃん、団長の娘のあすか姉ちゃんやきょん姉ちゃん、その下に私がいて、一緒に学校に行ったり遊んだりしていた。まだ小学校に入っていないれんれんやだいすけ、せいじ、ゆきたちがちょこまかといてさ。マユミはまだ二歳くらいだったんじゃなかったかしら。そういえば、来たばかりの頃のれんれんはお母さんの袖にしがみついて、いつも泣いてばかりいたのを覚えてるなァ……」

僕たち未就学児組のグループにとって、ユリコさんはときどき遊んでくれる「姐さん」の一人だった。サーカスの公演が行われるのは、少し街から離れた郊外の空き地が多かった。だから、テント村の外に林やちょっとした森があれば、高学年の彼女らが僕らを引き連れて「探検」をすることもあった。

舞台が開かれていないときの大テントも、僕らの遊び場の一つだった。桟敷の下で客の落とした小銭を探し、動物たちをなで、大人たちの気が向けばトランポリンやマットでの練習を芸人に混じってやらせてもらえることもあった。そのうちに子供たちは自然と一輪車くらいには乗れるようになっていく。

いたずらが過ぎると怒られることもあったけれど、子供たちにとって何より恐ろしかったのは、「反省しなさい」と資材を入れるコンテナに閉じ込められることだった。大人や親の言うことを聞かずに駄々をこねるようなとき、ユリコさんも体ごと抱えられてコンテナに入れられた。鉄パイプなどが収納されているそのなかは、ほんの少しの隙間から外の明かりが漏れているだけで暗く、彼女は扉を叩いて「ごめんなさい」と泣き叫んだものだった。

僕は幸いにも経験はないけれど、兄さん連中に「コンテナに入れちまうぞ〜」と冗談で脅された記憶がおぼろげながらある。あのコンテナに放り込まれ、観音扉が閉じられてしまうのを想像すると、それだけで恐ろしさが胸に生じた。

ユリコさんは十歳のとき、一足早く鶴岡に戻った祖母てるさんの家に預けられた。長期の休みの日はサーカスで過ごしたが、両親と妹のマユミさんがサーカスを降り、鶴岡でともに暮らし始めるのは高校生になるタイミングだった。

高校を卒業後、彼女は東京の専門学校に通い、就職した。転職で鶴岡に暮らしたこともあった。そこで出会った男性と結婚し、再び東京で現在の仕事をするようになった。

サーカス時代の思い出を語るのは、ユリコさんにとっても久々であるらしかった。彼女は美々姐さんやマーボー兄さんの言いつけ通り、自分がサーカスにいたことをほとんど人に喋らなかったという。それは二人の娘の母親となり、東京で働くようになった今も変わらない。

彼女がサーカスでの体験を滔々と話してくれるのは、美々姐さんがそうであったように、僕もまたその場所にいた一人だと思ってくれているからに違いなかった。だから、僕は次のような姉妹の体験を、自分の裡にあったサーカスの曖昧な記憶の輪郭がまた一つ、確かなものになっていくような気持ちで聞いていた。

私はね、マユミと違って「サーカスをやりたい」って思ったことはないの。でも、小学校の頃は丸盆のトランポリンやマットでいつも遊んでいたから、「いつかは自分もこれをやるのかなァ」なんてぼんやりと思っていた。でも、いつの間にかそういう気持ちは薄らいで、鶴岡に来て思春期の頃になると、「あんな笑顔を作ってお客さんの前に出るなんて絶対無理！」と思うようになった。

子供の頃、お母さんやお父さんの芸を見るのは、「すごい」とか「楽しい」という感情はなくて、ただの「当たり前の光景」だったかな。高学年になるにつれて、転校先の周りの友達に「お母さんすごいね」って言われるようになってから、「そうか、お母さんはすごいんだ」と思うようになったけれど。

それよりも覚えているのは、やっぱり場越しの後の「移動学校」のことだよね。

サーカス生まれの私の世界では、あの「村」が自分の全てだったでしょ。だから、小学校に上がって友達ができると、他の子の家にはいつも両親がいて、テントやプレハブじゃないお家があって、ずっと同じ場所に住んでいるんだ、って初めて知った。

最初の日の休み時間に自分の席に座っていると、クラスメートが周りに集まってきて、いつも質問攻めが始まるのね。

「前はどこにいたの?」

「お母さんは綱渡りとかするの?」

そんな私を見てちょっと嫉妬する子もいたかもしれない。

私はどちらかというと小さい頃は内向的で、すぐに泣くタイプの子供だったの。だから、質問攻めにあって人気者でも、移動学校の最初の日はいつも心細くてしくしく泣いていた。ほら、サーカスのテントってさ、何もないところに一日で建てて、場越しの日も一日で片付けちゃうでしょ。もともとそこには何にもなかった、みたいに。

一日で出来上がって、一日で消えるのがサーカス。そのイメージが頭にこびりついていたから、低学年の頃は「もし私がここにいる間に、テントも村もぜんぶなくなっていたらどうしよう」って不安だったんだ。

それこそ自分が親になって思うけれど、幼稚園を卒園したばかりの子が、二か月ごとに替わる町で「いってらっしゃい」と言われて小学校に行っていたんだから、今では考えられないような時代だったよね。

それで毎場所、私がそうやって泣いているから、そりゃ、お母さんも心配だったんだと思う。それに、お母さんは勉強の進み具合をとても心配していた。それこそ高学年になってくると、移動学校ではどうしても勉強が遅れてくる。ちょうどその時期に、ババ（てるさん）がサーカスを降りて鶴岡に帰ることになって、私を一つの落ち着いた場所で過ごさせた方がいいと思ったんだろうね。それで五年生の夏休み明けから、鶴岡でババと一緒に暮らすようになったってわけ。

実はね、私はサーカスにいたとき、ずっとおばあちゃん子だったんだ。

お母さんは芸をやっているから、その間はババのいる本部に預けられていた。今でもよく覚えているのは、千葉県の稲毛の小学校に行ったとき、「えんぴつ一本買えない暮らしをしてるんだろ？」みたいなことを私に言う子がいたの。

すごい昔のイメージで、サーカスには「売られた子がいる」みたいな言い方があったでしょう。そういう感覚を持ったおじいちゃんとかおばあちゃんに何かを言われて、私をからかってきたんだと思う。

まあ、サーカス育ちの私はそこまで弱っちい人間じゃないから、そんなことくらいではもう泣きはしない。そんなことない、って言い返したよ。

その話を帰ってからババにしたら、とても怒っちゃってさ。

「じゃあ次の日曜日、クラスの全員をここに連れてこい！」

って、言う。

それでババが本部でみんなにカレーを食わせたら、周りの態度がいっぺんに変わったんだ。私はクラスメートたちが「おいしい、おいしい」と言いながらカレーを食べているのを見て、本当に安心したの。そのあとにみんなでサーカスを見たら、もうクラスの中に私にいじわるを言う子はいなくなった。

自分の孫がそんな目にあったのか、という思いもあったんだろうけれど、ババは何とも豪快な人だったよねェ。移動学校では転校するとき、別にもう友達と別れるのなんて悲しくもなんともなくなっていたけれど、そのときに出会った女の子とは今でも手紙のやり取りをしていたりするんだよ。

ババのことはサーカスのみんなが慕っていて、「本部のお母さん」という立場もあるから、朝は「おはようございます」、商売が終われば「お疲れさまでした」とババと団長のところにみんながやってくる。

あと、お父さんとお母さんが商売中は本部にほぼいたから、それこそ日曜日にお客さんがいっぱい入って「大入り袋」が出ると、本部にやって来る誰もがにこにこしていて嬉しかったなあ。

ババは本部の仏さんを守るのと、炊事場もやっていたよね。ゆきのババ（おたみさん）が炊事場の現場を仕切っていて、お金を持っていたのがうちのババ。買い物のお金を渡して、メニューも二人で考えていたと思う。要するに、れんれんのお母さんはその下で働いていたんだよね。

だから、私はババがサーカスを降りて鶴岡に帰っちゃったときは、本当に寂しくてね。

しばらくして、ババが鶴岡から遊びに来てくれたとき、帰り際に私がギャン泣きしたの。それで小学校の五年生のとき、お母さんから「ババの家から学校に通うか？」と聞かれたんだね。もちろん勉強の心配もあっただろうけれど、それも私が鶴岡に預けられた大きな理由だった。

「うん」

と答えて鶴岡に行くときは、ババと一緒にいられるのが楽しみで仕方なかった。でも、二、三日経って、あ、もうお父さんとお母さんと私は離れて暮らすんだ、という思いが湧きあがってきて、それがこんなに悲しいとは思わなかった。ふとした瞬間、私はおばあちゃんと二人っきりなんだなあ、って思うと涙が出そうになった。ババのことは好きで一緒にいられるのは嬉しい。でも、そうするとお母さんたちとは一緒にいられない。どっちともとは一緒にいられないんだ、って。

でも、ババが私に寂しい思いをさせないようにしてくれたから、ホームシックになったのも一週間くらい。それからは私にとって、サーカスはお休みの日に帰る楽しみな場所になった。そうして五年が経って、両親とマユミが鶴岡に帰ってきたんだよね。

そのときはもちろん、マユミがサーカスの芸人になるなんて思ってもいなかったな。お母さんは私たちに、「サーカスには残ってほしくない」という思いを持っていたはずだし、マユミもそれは感じていたはずだから。

そうそう、私は栗ちゃんが亡くなったときだって、同じ芸をお母さんがしていても何の不安もなかったし、心配もしたことがなかったの。でも、後にマユミがカンスーとか高物の芸をするようになって、サーカスを見に行ったとき、見ていられないくらい胸がドキドキしたんだ。「ハラハラドキドキ」ってこういう気持ちなんだ、って。

妹の高芸は怖くて見られなかった。サーカスを見ている観客の人たちは、芸人の芸を見てドキドキするでしょ。でも、サーカスに育った私にとって、それはずっと当たり前の風景だった。だから、お客さんの気持ちは分からなかったんだけれど、栗ちゃんの事故のことも知っていたし、マユミが鉄線を渡っていくのを見ていると、手に自然と汗をかくくらいだったの。

ああ、お客さんたちはこういう気持ちで芸を見ているんだ、って初めて知ったような気分だった。それはお母さんも一緒だったんじゃないかな。私も子供がいるけれど、自分の子供が芸をやるのを見るなんてぜったい無理。それは、親になって初めて分かったお母さんの気持ちだよね。

5

「私ね――」

と、マユミさんは言った。

二〇二一年の十二月、僕は東京郊外にある彼女の自宅でマユミさんに会った。ユリコさんに再会してから一か月後のことだ。最寄りの駅までミニバンで迎えにきてくれた彼女は小さくお辞儀をした。彼女は小柄だが元芸人らしく姿勢が良く、今でも舞台でスポットライトを浴びれば、たちまち芸人としての華を取り戻しそうな雰囲気のある人だった。

自宅で話を聞き始める前に、彼女はコーヒーを淹れてくれた。それから一息つくと、少し言葉を探すように黙り込み、意を決したように自分の当時の気持ちをこう打ち明けた。

「サーカスがなくなると聞いたとき、私には何だかほっとするような気持ちがあったんです」

現在、彼女はカーディーラーの受付と食品会社の品質管理に関する仕事をかけもちしながら、三人の子供を育てる母親として生活していた。同じくサーカスの芸人だった夫の周也さんは建築会社で働いているという。

二〇一〇年九月、キグレサーカスが廃業すると聞いたときのことを、マユミさんはなぜ、「ほっとした」と語るのだろうか。

サーカスでの思い出を話す彼女はどこか寂しそうで、哀しそうでもあった。ユリコさんからすでに話を聞いていた僕は、彼女のそんな様子に接しながら、その理由は聞かなくてもすでに想像できる気がした。

それは、彼女がキグレサーカスをあまりに愛していたからだった。サーカスで生まれた子供を育てながら日本全国を回っているとき、彼女は「いずれ母のように、自分にもサーカスを離れる時が来るのだろうか」と考えるようになったという。

カンスーや空中アクロバットなどの高物の芸をしていると、ときどき桟敷の前方の自由席の端で長女が芸を眺めている様子が見えた。そして、二人目の子を出産した後、彼女は一度、舞台を降りた。

「以前は怖くなかったものが、年を取るにつれてだんだん怖くなってくるんですね。高芸を失敗して落ちる夢を見るようにもなって、そろそろ難しいのかな、と思って……」

それからは衣装作りや裏方を手伝っていたが、「もっと経理や宣伝のことなんかも勉強して、サーカスのためにできることがあったんじゃないかと思います」と彼女は言う。

そして、その頃から考えるようになったのが、近いうちに長女が小学校に入るとき、自分たちの家族はどんな選択をすべきなのだろう――という現実的な問題だった。

自分はサーカスを離れて子供たちとどこかの街で生活し、夫が単身赴任でこの場所に残るという形にすべきなのか。それとも、鶴岡にいる母に子供たちを預け、自分もまたサーカスに残って芸を続けるのか——。

周也さんとも話し合ったが、その度に彼女の胸に甦ってくるのは、子供の頃の夏休みにサーカスで過ごした後、鶴岡に帰るときの寂しさだった。

「あの感覚がどうしても忘れられなくて……。もし私が子供を連れてサーカスを降りたら、またその気持ちを私は味わうんだろうか、って。それだけで悲しさで胸がいっぱいになったんです——」

そうして彼女が語り始めたのは、子供の頃から大好きだったキグレサーカスの思い出であり、その後、芸人になってから経験したその場所での生活だった。

6

鶴岡のおばあちゃんの家に遊びに行くんだ——。最初はそう思っていただけなのに、どうしてずっとサーカスに帰らないんだろう?

「なんでサーカスに帰らないの?　早く帰ろうよ」

そう言っても、お母さんは何とも困った顔をするばかりで、あの楽しかったサーカスにはもう帰らないんだと言う。

小学校一年生のマユミさんには、それがいつも納得がいかなかった。自宅に帰ると、日本家屋の居間の仏壇の隣には、サーカスで一緒だったみんなのメッセージが書かれた造花が束になって飾られていた。「これは〇〇兄ちゃん、これは〇〇姐さん」とそのメッセージを一つひとつ読んでいると、何とも切ない気持ちが彼女の胸には広がってくるのだった。

その造花の束は両親が鶴岡に来るとき、「退団式」で渡されたものだった。舞台の最後にかならず流れるさだまさしの「道化師のソネット」の旋律の中で、テント村でともに暮らした芸人や後見の人たちが一本ずつ花を手渡し、最後にはそれが束になるという趣向だった。

でも、六歳の彼女には、その儀式の意味はよく分かっていなかった。先に鶴岡へ移った年の離れた中学生の姉は、何食わぬ顔でこの地の学校にすっかり馴染んでいるように見えた。

マユミさんには姉のユリコさんと一緒に鶴岡で生活していた記憶がほとんどない。彼女がサーカスを離れて美々姐さんたちと鶴岡に来たとき、祖母と暮らしていた姉は高校入学間近で、幼い彼女と密に遊ぶような機会がなかったからだ。

彼女が「自分はもうサーカスでは暮らせないんだ」と理解したのは、引っ越して小学校に通うようになって、しばらくしてからのことだった。

鶴岡にはユリコさんの他にも、炊事場にいたおたみさんの孫のだいすけやゆきえ、八紘兄さんの娘のさやかがいた。学校の放課後、マユミさんは同じサーカス育ちの彼らと公園に行って、ブランコに乗れば「大一丁だ」、うんていにぶら下がれば「今度は羽根だし!」、ちょっとした段差に乗って「綱渡り」と言ってよく遊んだ。

家に帰ってからの楽しみは、二階で当時のキグレサーカスのプログラムだった「赤い靴」のビデオを見ることだった。「赤い靴」は「翔べピーターパン」の次に上演されたプログラムで、アクションスターの千葉真一率いる「ジャパンアクションクラブ」と契約を結んで全国を回っていた。

母の美々姐さんからは「サーカスにいたってあんまり人に言っちゃだめだよ」と伝えられていたので、ビデオを見るときはひとりでこっそりと見た。それこそ高校を卒業するまでに、何百回再生したか分からない。台詞を全て言えるようになったし、最後にはテープが擦り切れ、画像がちらちらと荒れるようになったほどだった。それでも彼女は繰り返し繰り返し、ビデオを見続けた。

マユミさんがキグレサーカスでいちばん好きだったのは、夏休みの終わりなどの特別公演のレイトショーでだけ行われる空中ブランコだった。そのときは舞台が暗転し、「たかしジジ」と自分たちが呼んでいた健兄さんやリーダーこと八木さん、そして、父親のマーボー兄さんがペンライトを頭に付けて空中を舞った。

みなが「蛍」と呼ぶその芸では小さな光だけが空中を舞う光景が美しく、桟敷の観客のため息のような歓声が我がことのように嬉しかった。だいすけが「懐中電灯を当ててやろうぜ」と言い、舞台中にちょっとしたいたずらをしたこともあったけれど。

彼女が空中ブランコが大好きだったのは、父親のマーボー兄さんがピエロ役で出演していたからだ。マーボー兄さんはブランコで高台から反対側まで行くと、ズボンが脱げたりちょっとした台詞を言ったりして観客を笑わせる。偉そうな態度で登場しては失敗をして桟敷を盛り上げる父親の姿は、彼女にとっての誇りだった。

芸を終えた芸人たちが一人ずつネットに落下するとき、

「今の奴は前回りで降りただろう？　俺は違うんだぞ。俺はな、前に二回、後ろに三回回って落ちるんだ！　でも、俺は何にもしないでも落ちるんだ！」

そう言ってマーボー兄さんがネットに落ちると、客席からは笑い声が上がった。そして、彼は次にこう言ってテントの最も高い場所にあるあんどんを指さすのだった。

「ほら見ろ。いちばん難しいのはあそこだ」

すると次の瞬間、スポットライトに照らされた先では、別の芸人が足先だけで逆さまになってぶらさがっていて、真っ逆さまにネットに向かって落下する。あっと観客からどよめきが上がった刹那、彼は体を起こしてネットに無事に着地する。その観客の驚く声がマユミさんをさらに誇らしい気持ちにさせた。

それから、いつもより気持ちが昂るのか、みなが力を入れて芸を見せる千秋楽の日も楽しみだった。ある「兄さん」は目隠しをして宙を舞い、一度目は失敗してネットに落ちる。もちろんそれは演技なのだが、二度目も落ちるのを見せてから、三度目にいよいよ成功したときは割れんばかりの歓声と拍手で大盛り上がりだった。それもまた、彼女が決して忘れなかった光景の一つだ。

鶴岡で暮らすようになってから、彼女がサーカスに行くのは夏休みのときだけになった。ときどきアルバイト感覚で場内案内を手伝ったり、懐かしい仲間と遊んだりしていると、「村」で過ごす時間は瞬く間に過ぎ去った。

これは彼女がサーカスに入団してからのことだが、休み中に遊びに来る子供たちの中には、帰る日が近づくと必ず熱を出す者がいた。中学を卒業してすぐにマーボー兄さんからオートバイ芸を習った従兄弟の慎二兄ちゃん——彼の姓は木暮で、初太郎の孫だ——が、「ほら、そろそろ熱出さねえと帰らされっぞ」とからかうと、その子は本当に熱を出してしまうのだった。すると、一週間ほど帰る日が延びる。それだけサーカスの子供たちは、その場所にいたいと心から思っていたわけだ。

「また遊びに来いよ」

そう言われてサーカスを去るとき、マユミさんはいつも心の底から寂しさを感じた。

「じゃあね、ばいばい、また来るね！」

さよならと言うのも言われるのもつらかった。「これから元の生活に戻るんだ」と思うと涙が出た。

鶴岡に帰ってからも、学校で授業を受けているとき、「いま一回目の公演が終わった」「あ、今は休憩中だ」とサーカスのことばかり考える日々がしばらく続いた。

マユミさんの人生にとって大きな分岐点になったのは、中学二年生の夏休み、秋田での公演に遊びに行ったことだった。

この年は一か月間、ずっとサーカスで過ごした。慎二兄さんの母親で、「坂綱渡り」の名人だった京子さんのヤサに泊めてもらい、晩御飯は父親の弟ののぶみさんのヤサで食べさせてもらった。

日中、公演のもぎりの手伝いを終えると、彼女は大天幕に入って好きな芸を毎日のように見た。そうしてひと月の休みが終わる頃、慎二兄さんがこんな話をしたのを覚えている。

「なあ、マユミ。サーカスって独特な匂いがあるよな。あのかび臭いような、鉄の匂いのような……。ちょっと埃っぽい感じでさ」

彼女は彼の話を聞きながら、本当にその通りだと感じ、そして、私はこの匂いが大好きなのだと思った。

「やっぱり私はここにいたい」

それは、彼女がサーカスの芸人になると心に決めた瞬間だった。

7

中学二年生の夏休みが終わり、鶴岡に帰ってきた彼女はこれまで所属していたバスケットボール部を退部した。その代わりに入ったのが器械体操部だった。サーカスの芸人を目指すのであれば、そうするのがいちばん理に適っていると思ったからだ。両親にはそのことは言わなかった。芸人になりたいなどと言ったら、母は必ず強く反対するだろうと感じていた。

本当は器械体操ではなく、ダンスを習いたかった。だが、鶴岡には探してもダンス教室はなく、「東京だったらそんな教室いっぱいあるのに……」と彼女は恨めしい気持ちになるばかりだった。

それから三年が経ち、高校二年生の時のゴールデンウィークにキグレサーカスの仙台公演があった。付き合っていた彼氏の先輩の車に乗せてもらい、庄内平野を出て遊びに行くと、慎二兄さんから「今度、十六歳の子が中学を卒業して入ってくんだ」と聞いた。

その話を聞いたとき、彼女の胸には焦りのような気持ちが湧き上がってきた。自分が高校に通っている間に、「年下の子」が芸を覚えていくことを想像すると、一刻も早く芸人になりたいと感じた。

「私もサーカスに入りたい」

「おまえが入りたいのなら、そうすればいい」

慎二兄さんはそう言った。

高校を卒業してサーカスの芸人になると告げたとき、母は想像通り反対した。父は特に反対しなかった。その頃はクリーニング店をやめ、しばらく職のない状態が続いていた父は、やがて漬物工場で働くようになった。

母とは喧嘩もしたが、最終的には「マユミがそうしたいなら」と自分の選択を認めてくれたのはありがたかった。

そうして彼女は旭川公演からキグレサーカスの「地元」である札幌公演が始まる間のタイミングで、サーカスに入団した。それはサーカスが栄華を誇った一九七〇年代後半からバブル期が終わり、長引く不況によって北海道拓殖銀行や山一證券の経営破綻のニュースなどが世を揺るがした時期だった。

二〇〇〇年代に入る直前、キグレサーカスは興行収入が徐々に下がり始めていたが、そうした状況はサーカスに入団したばかりの彼女にとって、まだ雲の上の出来事だった。彼女は「外」の世界から側幕で囲われたサーカスの世界に入り、必死に夢を実現しようとしていた。

入団したマユミさんは独身の女性芸人が暮らす「乙女」と呼ばれるプレハブで、芸人としての新しい生活を始めた。キグレでは結婚すると夫婦のヤサがもらえるが、独身の男女は広めのプレハブハウスでの共同生活が基本だった。彼女がまず慣れなければならなかったのは、十代から二十代前半の芸人たちとの暮らしだった。

彼女の入団時に「乙女」には三人の若い芸人がおり、四人部屋での生活は必ずしも楽しいことばかりではなかった。

以前は幹部であるマーボー兄さんと美々姐さんの娘として、彼女はいつも周囲の大人たちからちやほやされる存在だった。だが、新人芸人としてサーカスの一員になれば話は別だ。生活の細かなルールを守らなければならないし、若い女子同士の感情的な諍いもある。

朝や公演後の練習でも、マユミさんは芸人として厳しく育てられた。若手芸人の中でも最も新人だった彼女は、練習の十五分前には丸盆に来るように強く言われた。それに少しでも遅れると手厳しく叱責されたし、生活の中でのルールもとりわけ強く注意された。

これまでの「マーボー兄さんの娘」という配慮はなく、稽古で怒られる度に、「これまでの私は特別扱いされていたんだな」と感じた。それでも、その「厳しさ」はサーカスの人々の優しさなのだと受け止めた。十代の芸人が他にもいる中で、自分だけが特別扱いされていては示しがつかない——。それは当然のことだと思った。

何度も怒られて気持ちが沈んでいるとき、ふと「家に帰りたいな……」と思うこともあった。でも、母親の反対を押し切って札幌に来た自分には、もう帰る場所などないのだと彼女は思った。

母に電話をするときも、「帰りたい」という言葉を呑み込み、明るく振る舞った。ずっと思い描いていた「あの華やかなサーカス」の楽しい日々はなく、そこには芸をして生きていくという厳しい現実があった。「もうやるしかない」という気持ちを何度も抱き直しながら、最初の一か月間が過ぎていった。そして、札幌公演を終えて宇都宮への場越しが行われる頃になると、彼女はその生活にも馴染んでいった。

最初はマット運動から始めた稽古が一輪車へと変わった頃、彼女は先輩の芸人から、

「マユミは何をやりたい？」

と、単刀直入に聞かれた。

本当は父のやっていた「空中ブランコ」と答えたかったけれど、そう言い出すことはできず、「カンスーをやりたい」と彼女は言った。

高綱渡りは過去にピエロの栗ちゃんが亡くなる事故が起きた芸だった。そのことは知っていたが、七メートルの高さで鉄線を渡るカンスーには、サーカスの世界として憧れてきた「華やかさ」があった。それに、カンスーは鶴岡にいる母がやっていた芸でもあった。

カンスーは「誰でもできる」と言われていた通り、高さのない場所でバーを持って渡れば、想像よりもずっとバランスが取りやすく、鉄線の向こう側まですぐに渡れるようになった。

しかし、実際に命綱を付けて七メートルの高さでの練習が始まると、彼女は遥か下に丸盆が見える高さに足がすくむような怖さを感じた。男の芸人では十キログラム、女の芸人では七キログラムのバーを持つため、小柄なマユミさんには腕の筋力をしっかり鍛える必要もあった。

カンスーでは女芸人は鉄線を二度渡る。一度目はスポットライトに照らされるため、周囲は真っ暗で何も見えない。鉄線の先にある赤い目印だけを見据え、するり、するりと集中して渡っていくことに恐怖感はそれほどなかった。

だが、二度目の演技では鉄線の真ん中で片足を伸ばして座り、その上を男の芸人が乗り越え

ていく。その際の舞台は明るくなるので、丸盆や客席がはるか下の方に見える。その怖さに慣れるまでに時間を要した。結果的に、彼女がカンスーの舞台に立つまでには、それから二年間の稽古が必要だった。

一方で初めて丸盆の舞台に出たときのことは忘れられない。

芸人たちが派手な衣装を着け、観客に笑顔で手を振るフィナーレでは、丸盆の前方でキレのあるダンスが女芸人たちによって披露される。彼女はその後ろに立って手を振るよう指示されたものの、それだけでも「できるかな……」と緊張した。

肌を露出した衣装で化粧をして笑顔を振りまくことが、最初は少しだけ恥ずかしかった。ただ、それにはすぐに慣れ、自転車による「八人乗り」に出演する頃には、どんな「営業スマイル」であってもすぐに作れるようになった。

彼女はサーカスに来てしばらくして、二十一歳の時に同じ芸人の仲間だった周也さんと結婚した。彼は当時のキグレサーカスに欠かせない芸人の一人で、「羽根だし」や「大一丁ブランコ」、「一本綱」といった昔からの芸に加え、シーソーに乗って行う宙返りや相方の肩に着地する芸、ポニーとサルを使った動物使いなど、一日の舞台に出ずっぱりの一流の芸人だった。

二人の縁を結んだのは、二年間かかったカンスーの稽古だった。最初は恋愛感情はなかった。けれど、カンスーの稽古をしていると、命綱を丸盆で持つのは男性の後見による当番制で、なぜか周也さんが命綱を持ってくれているときは安心して鉄線を渡れたのだった。

「お願いしまーす」

丸盆に向かってそう声をかけて、身に付けた綱が伸びる先に彼がいると、何の不安もなく鉄線に足を踏み出すことができた。

そのうちに彼と付き合うようになったマユミさんは、結婚して三年後に長女を産んだ。憧れの空中ブランコには出ることはできなかったが、カンスーや空中アクロバットに出演する中堅の芸人になっていった。

だが、次女を産んでから数年、二〇〇〇年代のキグレサーカスは、徐々に興行としての人気を失っていく端境期だった。サーカス育ちの子供たちが芸人になることはなくなり、多くの団員が子供の小学校入学と同時に退団することが当たり前になるなか、芸人のほとんどが中国やロシアから来た外国人に代わっていった。興行の規模は少しずつ縮小され、それと同時に公演地も人里離れた場所になることが増えた。

そして、何より変化したのは、サーカスという場での暮らしそのものだった。ある時期から、それまではテントだった家族のヤサもテントではなくなり、トラックにそのまま積めるプレハブになった。

時期を同じくして、サーカスにいる人々の関係性は、彼女が大好きだった「家族」と呼べるようなものでは徐々になくなっていった。兄さん、姐さんと呼び合う文化もだんだんと希薄になり、先輩の中には「私を姐さんと呼ぶのはやめて」とはっきりと告げる者もいた。そのち、サーカスの仲間たちはお互いを「さん」付けで呼ぶようになった。

「昔は誰かのヤサに行って、いっつもどんちゃん騒ぎしていたもんだけどなあ」

古参の芸人たちはしみじみとそう話した。サーカスも変わったが、「時代」も変わったのだ。

そして、二〇一〇年九月の盛岡公演でキグレサーカスは廃業する。日本経済新聞はこのニュースを「キグレサーカス、事業を停止　廃業届を提出へ」との見出しで、〈キグレサーカス（札幌市、水野利枝社長、「キグレNewサーカス」を運営）が、9月30日付で事業を停止したことがわかった。事後処理を一任されている弁護士によると、11月に税務署に廃業届を提出する見通し。観客の減少傾向が続くなか、新型インフルエンザ流行による悪影響もあり、経営に行き詰まった。負債総額は約5億9000万円〉と伝えた。

木下サーカスなどは公演以外にも企業体としていくつかの事業を行い、全国に出来始めていた大型ショッピングモールと提携して公演を行うなど、サーカスの「経営」も過去とは異なる工夫が必要な時代になっていた。キグレサーカスはその時代の流れに、適応できなかったという面もあったのだろう。

サーカスの団員たちは廃業が伝えられると、大天幕や「村」のプレハブを全てを残したまま、公演地を去らなければならなかった。

一人、また一人とサーカスを去って行ったその日、彼女は最後まで自分が残るのは避けたかった。誰もいなくなった村から寂しく去ることを想像すると、胸が締め付けられるようだった。だから、マユミさんたち四人の家族は日中に車で盛岡を後にした。見送りの仲間たちの姿を見ながら、彼女は嗚咽した。

それはマユミさんが芸人になってから約十年、二十九歳になった年のことだった。

8

「それで――」

と、僕は聞いた。

「サーカスがなくなろうとしていたことを、マユミさんは知っていたんですか？」

「その少し前からそういう予感はしていました」と彼女は言った。

周也さんが芸人を統括する芸能部長をしていた関係で、「次の公演地に行くトラック代や土地代が払えない」といった話を聞いていたからだという。

観客の動員数も減り、「若い子に優先的に払うから」と、一年ほど前から給料の支払いが遅れることもあった。

「今から思えば、もっと宣伝の上手なやり方もあったと思います。公演の場所選びも土地代の安いところを選ぶので、街から離れていることが増えて、お客さんも少なくなった。最後の頃はその悪循環でしたよね……」

自分にはこの大好きなサーカスを辞めるという決断はできない――と彼女は感じていた。でも、子供たちが「移動学校」で転校を繰り返していくような生活にも不安がある。彼女は葛藤し、いつもの堂々巡りの末に「自分では決められない」という結論に達した。

キグレサーカスが盛岡公演を最後に廃業したのは、そんな迷いを抱いては繰り返し悩んでいた最中のことだった。

「こんなことを言ったら怒られちゃうかもしれないけど――」

マユミさんは言葉を選ぶようにして続けた。

「サーカス自体がなくなることでしか、私はあの場所から離れられなかったと思うんです」

だから、サーカスがなくなると聞いたとき、彼女はほっとした。たとえどれだけ悲しくても、寂しくても、それが自分の「選択」でなければ、仕方のないことだったと諦めがつくからだった。

「あのときサーカスを辞めていなければ」と後悔をしなくてすむ――。

「長女が五歳になった時期にサーカスが廃業してくれて、きっと良かったんでしょうね。私にとっては」

最初は母のいる鶴岡で暮らすことも考えたが、四十歳になる周也さんには仕事がなかなか見つからなかった。彼もまた「サーカスの世界しか知らない男」として、「外」の世界での生き方を懸命に模索していた。

彼はトラックの免許を取ったものの、冬になれば雪の深くなる山形県での運転には不安があった。仕事が見つからない時期が続いたが、そんななか、慎二兄さんから連絡があった。それはサーカスで縁のあった人とのつながりで、建築会社で働いてみないかという誘いだった。そうして、マユミさんたちの家族は、東京の郊外で新しい生活を始めることになった。

それから十年が経ち、三人の子供の母親である彼女は言った。

「キグレサーカスが今もあって、日本のどこかで公演をしている、という感覚がずっとありました」

そう語ると、マユミさんは少し寂しげな表情を浮かべた。

失われた故郷を記憶の裡に探すような彼女の表情は、その感覚が今なお、彼女の中に残り続けていることを想像させた。

ひとかけらの記憶の断片から Ⅲ

僕が母とともにキグレサーカスで暮らしていたのは、小学校に入る前のほんの一年間ほどのことに過ぎなかった。

だが、あの場所で過ごした日々はあまりに強烈だった。小学生のときの記憶はほとんど「言葉」にならずに消えているのに、サーカスでの一年間の日々は、いくつかの風景の断片となって、ありありと胸に焼き付けられているのだから。

詩人の長田弘さんの「自分の時間へ」という文章に、次のような印象的な一節がある。

　　書くとは言葉の器をつくるということだ。その言葉の器にわたしがとどめたいとねがうのは、他の人びとが自分の時間のうえにのこしてくれた、青い「無名」、青い「沈黙」だ。

この文章が収められている『記憶のつくり方』の短い「あとがき」には、記憶とは過ぎ去ったものではなく、過ぎ去らなかったもののことだと書かれている。

過ぎ去らなかったもの、自らの裡に留まったもの。そんな土壌としての記憶――。〈記憶という土の中に種子を播いて、季節のなかで手をかけてそだてることができなければ、ことばはなかなか実らない。じぶんの記憶をよく耕すこと。その記憶の庭にそだってゆくものが、人生とよばれるものなのだと思う〉

人には誰にでもそのように、長く耕してきた〈記憶の庭〉があるのだろう。そして、僕にとって幼い頃のサーカスの記憶とは、まさしくそのようなものになっていたのだと思う。

日本全国を公演で巡業するサーカスでは、二か月に一度のペースで「場越し」と呼ばれる引っ越しがあった。

鉄パイプで組んだ骨組みに板を張って床を作り、上からカバーをかけたテント小屋が僕らの「ヤサ」だ。

サーカスでは家族にはそれぞれにテントが支給され、場越しの度に父親が中心となって解体と組み立てをする。

シングルマザーの母にとって、このテントの準備はいつも頭の痛い問題だった。なぜなら、団員たちは大テントの設営を筆頭に様々な作業で忙しく、たとえ手が空いていても家族持ちの男は他の家庭のヤサの設営・撤去に手を貸さない、という不文律があったからである。

テントは六畳くらいの広さで、骨組みの鉄パイプに中幕と側幕、屋根幕や突き出し幕を紐で結びつけ、室内には何枚かの床板が敷かれていた。

これを解体するときは、布団やささやかな家具、丸めた絨毯を外に出し、全ての幕と鉄パイプの硬い結び目を解いてから畳まなければならない。さらに取り外したパイプを束ね、残った床板も取り外して紐で縛った後、角材やベニヤ板も含めて広場のコンテナに運び入れる。この一連のテント降ろしの作業は母一人の手には余るもので、周囲のテントが全て片付いた後も、僕らの家は最後まで残されがちだった。

場越しの日は、子供たちの心も浮わつく。サーカスの敷地内を一周して他の家族のテントが片付いていくのを見て回った僕は、なかなか自分の家が片付かないのがもどかしかった。それで悔しそうに急かすと、母はこう言った。

「なに言ってるの。よそのお家にはおとうさんがいるんですからね。おかあさんはひとりでやっているんですからね」

暗くなってもテントの解体が終わらなかったらどうしよう——。そう思うと母は思わず涙が出そうになったそうだ。

そんなとき、母を手伝ってくれた一人に清水さんという団員がいた。

彼は「あんどん」と呼ばれる舞台の上の作業場で働いている人だった。サーカスの舞台ではこのあんどんから一本綱や「青竹渡り」の竹を吊り下げたり、空中ブランコの準備をしたりする。そこで働く男たちは二十メートルの高さを命綱もつけずにひょい、ひょいと上がり、夏ともなれば四十度近い灼熱の中で、はるか下の丸盆で繰り広げられる芸を支える。

テントの天辺近くから見下ろすとき、彼の目に映る舞台はどのようなものだったのだろうか。後に聞いた話では、あんどんから真下に見下ろす丸盆は本当に遥か下の方に見え、高度感には足がすくむものがあるという。そのあんどんに命綱もつけずに清水さんは登っていった。

みんなから「チョンちゃん」と呼ばれていた清水さんは、背中に大蛇の刺青《いれずみ》が入ったやくざ者風の中年の男だった。だから、夏になると四十度近い暑さになるあんどんでも、彼はいつも長袖を着ていた。ただ、一見すると強面の彼は心根の優しい人だった。そして、丸盆に立っていた妻を「一本綱」という芸の事故で数年前に亡くしていた。

清水さんは母が場越しの際の「テント壊し」に四苦八苦していたとき、作業に手を貸してくれたことがあった。それがどれだけ有難かったかを、昨日のことのように母は話していたものだった。

断片的なサーカスの記憶の中で、僕は清水さんの風貌を覚えている。不思議な存在感のある人だったし、何より彼が飼っていたベアという名の犬といつも遊んでいたからだ。

サーカスの団員たちは犬や鳥をよく飼っていた。こげ茶色の毛をした雑種のベアが、どこから来た犬だったのかは知らない。ただ、清水さんの飼う「彼」が僕はとても好きで、サーカスの日常の中での遊び相手になってもらっていた。

このベアと清水さんの関係には、その場にいた人々の間で今なお話題にのぼる一つの逸話がある。

それは、夜になると必ず酒を飲む清水さんが、酔っ払ってベアの前で説教をしている光景だ。そんなとき、いつも尻尾を振って清水さんを迎えるベアは、素直に彼のそばに座り、何時間でも愚痴を聞き続けていたという。

「いい加減に寝かせてやりな、ベアを。可哀そうだべさ」

彼のテントを通りかかった和枝姐さんが、呆れて投げかけたという言葉だ。

当時を知る人たちによれば、清水さんがそのように酒を飲むようになったのは、妻を舞台で亡くしてからのことだったようだ。彼を知る女性の元芸人は四十年近くが経って「サーカスのことを聞きたい」と訪ねてきた僕にこう語った。清水さんはね、ああ見えて本当に優しい人。何だかもの悲しさを持っている人でしたよ……。

あるいは、同じ頃に舞台に立っていた美一さんも言っていた。清水さんは情がある人だから、拾ってきた野良犬の面倒も一生懸命に見ちゃうんだね、と。

——彼は奥さんのことを、すごく愛していたんだと思う。だから、あの事故の後、しばらくして新しい刺青を入れたんだよ。胸のところに、奥さんの成仏のために確か「南無阿弥陀仏」って。一生忘れない、という意味だよね。彼はそういう人。それが「死んじまったもんは仕方ねェだろ」と言って、酒ばかり飲んでいたチョンちゃんのやり方だったの……。

僕らがサーカスを去ってしばらくして、ベアは場越しの最中に寄った高速道路のサービスエリアで行方不明になったという。清水さんはそれからもサーカスにいたが、やがて故郷の北海道に戻り、亡くなったそうだ。

　僕にとって清水さんは、大好きだったベアの飼い主の「兄さん」だった。ただ、多くの記憶が遠のいていく中で、その相貌が今も胸に印象づけられて残っているのは、彼がサーカスで長く生きた人間ならではの、ある陰影のようなものを持つ人であったからなのかもしれない。

第三章　サーカスの男たち

1

二〇二一年十月二十五日、東中野駅で待ち合わせをした兵藤健《ひょうどうたかし》さんは、僕とキグレサーカスの元ピエロである宇根元由紀《うねもとゆき》さんを見つけると、マスク越しにちょっといたずらっぽい笑みを浮かべて手を挙げた。

「おお、れんれんか。いつぶりだろうな」

僕を当時のままにサーカスでの呼び名で呼んだ彼と、映画館のポレポレ東中野の一階にあるカフェまで歩く。

コーヒーを頼んでマスクを外すと、もうすぐ六十五歳になるという彼の口元には立派な白髪交じりの髭がたくわえられていた。

「ずいぶんダンディになっちゃって」

由紀さんが少しからかうように言う。

「実はさ、俺、歯を全部抜いちゃったんだよな。だから、口ひげでも生やさないと貧相に見えるだろ」

健さん——ここではやはり健兄さんと呼ぼう——は、当時のサーカスでの花形スター芸人だった。空中ブランコの中台を担当し、一本綱や空中アクロバットでも見事な芸を見せていた人だ。僕がキグレサーカスにいた頃、彼は芸人として最も脂ののった二十代だった。

一九八九年一月、東京ドームの隣の後楽園球場跡地での公演で、健兄さんは三十一歳の時にサーカスを降りた。このお正月公演は昭和天皇の崩御で最後まで行われず、彼はトランポリンチームにいた妻とこれから小学生になる娘と三人でサーカスを去った。

その後、とび職やタクシー運転手をした後、この二十年間は神奈川県鶴見の工場で焼き付け塗装の仕事をしてきたという。現在は東南アジアから働きに来た社員の教育係として、iPhoneの翻訳機能を何とか駆使しながら技術を教えている。妻とはとっくに離婚し、娘とももう二十年は会っていないが、「大学院に入ってバイオの研究をしているらしいんだよ」と嬉しそうに言った。

「ま、向こうが会いたいと言ってきたら会うけど、こっちからは何も言わねえよな」

健兄さんが歯を抜いたのは、空中ブランコの中台を長く続けてきたことが理由だった。撞木から飛んでくる芸人の手をつかむとき、腕にかかる重さを受け止めるために、歯をぐっと強い力で噛みしめる。長くその役割を担ってきたからだろう。あるとき、痛みを感じて歯医者に行くと、「歯の根が曲がっていて、抜く以外に治療の方法がない」と言われた。レントゲンを見せてもらうと、全ての歯の根がきれいに同じ方に曲がっていた。

総入れ歯を一度は作ったものの、ものを食べるときの痛みが煩わしく、「あんなものいらねえ」と使っていないという。そう言って「だはは」と快活に笑う健兄さんは、糖尿病のために筋骨隆々だった昔よりずっと痩せているけれど、六十五歳にして当時と同じように豪快で華のある人であった。

「私ね、健さんと言えばやっぱり、台風の時にテントを降ろしていた姿をよく覚えているの」

隣にいる由紀さんが言った。

「健さんはあのとき、本当にスターだったよね。あの強風の中、大テントのトップまで登っていく姿には惚れ惚れした。命綱もつけずに身一つでさ」

「ああ、平塚んときね。風でテントが飛んだら、ぜんぶパーになって公演ができないから、ワイヤーで吊っているテントを外して降ろしてさ。テントのワイヤーを伝って登るんだけど、台風が来るのが早まって、怖くて誰も登れないから、俺が一人で登ったんだ」

「あと、場越しのとき、私たちが住んでいる〝乙女の館〟の骨組みのチェックも健さんがいつもしてくれていたよね。健さんが角材を組むと本当にガタつかない。だから、ヤサ作りの日はいつも健さん専用のコーヒーを用意しておいて、ちやほやしてたでしょ」

——そんな会話を僕は横で聞きながら、約三十年ぶりに会ったはずの二人が、その歳月などまるでなかったように話す姿に何か胸を打たれるような気持ちを感じていた。美一さんや美々姐さんのときもそうだったように、そこにはどんなに短い期間であっても、同じ釜の飯を食った仲間は一生仲間であり続ける、というサーカス的価値観があるように思えた。

僕は健兄さんに二つ、聞きたいことがあった。一つはキグレサーカスで育った彼の記憶そのものであり、もう一つは彼の母親で炊事場の主だった「おたみさん」についてだった。

だが、健兄さんはおたみさんの来歴を聞いても、「直接、聞いたことがあるわけじゃないからなあ……」と詳しくは知らないようだった。

「おふくろは北九州の人で、人形芝居の小屋にいたとき、小物のショーで演芸をやっていたとは言っていたけどなァ」

それを聞いていた由紀さんが言った。

「私、おたみさんがヤサの前で大量の海老の皮を剝いていたから、『おうちで宴会でもやるの?』って聞いたことがあった。そうしたら、『なんも、健の好物だから買ってきたんだ。こんなのあっという間に食べちまう』と嬉しそうに言っていたの。本当に健さんのことを可愛がっていたわよね」

健兄さんは「そうかなあ」と少しテレ臭そうに笑った。

2

「俺はさ、昭和三十二年（一九五七年）に浪江町で生まれたんだ」

と、健兄さんは言う。

ただ、それを知ったのは大人になってからで、戸籍を取るとその地名が書かれていたのだという。

「その頃、おふくろはまだ人形芝居の小物で演芸をしていたはずだから、おそらく浪江のお祭りにいたときに臨月を迎えて、自分は生まれたんだと思うんだ」

彼の父親の忠雄さんは「本部のお母さん」の兄で、戦争が終わってからシベリアに抑留された。敗戦の二年ほど後に日本に戻ってきて、おたみさんと九州の芝居小屋で出会ったようだ。そのうちに二人は祭りの「大荷」として興行するキグレサーカスで働くようになり、おたみさんは炊事係、忠雄さんは次の公演地に前乗りして様々な準備を行う「先乗り」の仕事をするようになった。

今でも健兄さんの記憶に刻まれているのは、子供の頃に掛け小屋の丸太の組み方を忠雄さんから習ったことだ。

「先乗り」の仕事では公演前に祭りの開かれる土地に行き、図面をもとに杭を打ったり、人夫を雇って養生を行ったりする。そうして掛け小屋を建てる段取りを終えた後、サーカスの場越しが行われて、公演が始まるまでに一気に掛け小屋を建てていく。彼は忠雄さんから縄で丸太同士を縛るやり方を教えられ、みるみるうちに出来上がっていく掛け小屋をいつも間近で見ながら育った。

美々姐さんが言っていたように、その頃のサーカスの団員は小屋の裏のスペースや高舞台の下に暮らしていた。二人の姉と健兄さんは裏の長屋にあてがわれた六畳ほどのヤサに暮らし、夜になると日中に出していたちゃぶ台を片付け、布団を敷いて寄り添うように寝ていた。美々姐さんがすでに札幌にいる頃のことで、彼女の母のてるさんは舞台でズマを披露していた。

忠雄さんは一九七〇年代後半の後楽園公演で、象小屋を作っているときに落下して腰を怪我した。以来、仕事はほとんどできなくなり、自分のヤサにいることが多かった。

「親父は昔の兵隊上がりだから、ちょっと偏屈というのかな。酒を飲めばいっつも戦争の話をしていたよ。シベリアに抑留されていたとき、寒さと雪の中でずっと働かされたんだ、そして、何人も目の前で死んでいったんだ、って。とにかく寒いから、誰かがションベンをしようとすると、みなで集まってそれを手にかけてもらったと言っていたな。かじかんだ手をションベンで温めるんだ、ってさ」

健兄さんの子供時代の話で最も驚くのは、彼が中学校を卒業するまでに転校を百六十回したということだ。

当時の祭りは「たかまち」と呼ばれ、四日もあれば「大荷」であるサーカスも公演を終えた。だから、祭りの準備から終わりまでの二週間ほどで、健兄さんは転校を繰り返した。後に大テントでの公演になると、ひと月かふた月に一度の場越しとなったが、小学生の頃はしょっちゅう学校が変わっていたわけだ。

「だから、俺が子供の頃は『新しい学校に慣れたな』と思ったらすぐに転校だった。次の学校に行くときに、『在学ノート』に〈○月○日から○月○日まで在籍した〉という証明をしてもらうんだ。年の三分の二は学校に行かないと卒業できないから」

健兄さんは場越しの度に、公演地の役所に自ら行き、サーカスから近い学校を調べてもらった。「お願いします」と言ってこれまでの在籍校の書かれたノートを見せ、翌日になると学校で担任の教師にノートを渡す。たいていの場合、ぱらぱらとノートを見た教師は、前例に倣って在籍を証明する文章を記入した。

健兄さんにとって、その「移動学校」のやり取りは身に馴染んだ「当たり前のこと」だった。中学生になると、彼はサーカスの他の子供たちを引率して役所に行くようにもなった。

「まあ、転校してすぐは喧嘩ばかりしていたよなァ」

サーカスの子供が転校してくることは、その学校にいる児童たちにとっていつも大きな話題となった。転校したクラスには休み時間になると、他のクラスからも「どんな奴が来たのか」と物珍しそうに子供たちが集まってきた。サーカスの子供たちは幼い頃から、宙返りくらいは楽々とできたから、皆の前でそれを見せると、転校先の児童たちはいつも感嘆の声を上げて大騒ぎになる。

「サーカスの子は目立つからね。宙返りでもすれば、みんながいつもわっと集まってきたからなァ」

ユリコさんも言っていたように、なかには風のようにやってきて注目を集める彼に「生意気だ」と喧嘩を売ってくる児童もいた。

「まあ、負けたことはなかったけどな」

と、健兄さんは豪快に笑った。


当時のサーカスはそのように祭りを狙って興行をしていたわけだが、キグレサーカスの本拠地である札幌の中島公園での公演は、何より楽しい時間だった。サーカスの子供たちはやぶや見世物小屋に木札を見せれば入れただけでなく、中島公園の隣には動物園や遊園地があった。その乗り物に何度でも無料で乗って遊べる「特権」が彼らには与えられていた。

小学校を卒業するとき、健兄さんの在籍証明のノートはすでに五冊ほどになっていた。中学生の時は、一年半ほど鶴岡の家に預けられた時期もあったが、結局、彼はサーカスに戻ってくることになる。

「勉強が嫌いだったし、それに、結局、俺はサーカスが好きだったから、子供心に戻りたかったんだよね。きっとその頃から、芸をやりたいと考えていたんだと思う。おふくろは外の世界で働いて欲しかっただろうけどさ。同じ田舎にいるよりも、転々としている方が楽しかった」

サーカスでは一年を通じて日本全国を回るため、三年に一度くらいの割合で同じ場所で公演を行う。健児さんがよく覚えているのは、中学生になって再び場越しでやってきた徳島でのことだ。

「もうあのノートはどこかに行っちゃったけど、中学校で卒業するときの校長が、小学生のときの担任の先生だったんだよ」

その教師は原田一美という人で、後に健児さんのことを「出会いがあって」という小説に書いている。水上勉が監修者の一人を務める『ふるさと文学館』第四二巻【徳島】には、原田氏の書いたこの小説が収録されている。

小説では「天童タカシ」という名のサーカスから来た小学六年生の少年が、徳島の学校に来て転校していくまでの姿が温かい眼差しで描かれている。そのなかで、「天童タカシ」が転校してきた際のことを、担任の「幸田先生」が次のように目撃する描写がある。


幸田先生にとって、タカシのような、全く人おじしない、なれなれしい転校生は、初めてでした。

洗いざらしのジーパンに、まっ赤なTシャツで、「こんちは。」と職員室へ入って来たとき、先生たちは、てっきり、近くの食堂のアルバイト学生だと思いました。

サーカスの子供たちは大人になるのが早い、と言われる。健児さんはその頃にしてすでに、教師たちにそう思わせるような態度を身に付けていたのだろう。あるとき転校初日に「では、今日は挨拶だけということで」と言ってヤサに帰って来た彼を、おたみさんは「お前は歌舞伎役者か！」と叱りつけたこともあったそうだ。

徳島県の教師だった原田氏は、この小説で職員室に堂々と入って来た「タカシ」が、教頭の前でひと息にこう言ったと続けている。

〈サーカスの子です。六年生の天童タカシと申します。市の教育委員会から、この学校に入るように言われました。どうか、よろしくお願いします〉

教頭が「タカシ」を唖然として見つめるなか、彼はすすめられた椅子に座り、〈それがあたりまえのように、軽く足を組み、ひざがしらを両手でだいて、にこにこして〉いたという。

教師が「転校の書類は?」と聞くと、「タカシ」は膝の上にのせていた大学ノートを渡した。そのノートは〈角がすり切れ、背もなんどか修繕したあとのある、古びた大判のノート〉で、〈ずっしりと重み〉があった。全ての頁にはこれまでの在籍証明書が貼り付けられており、それぞれの小学校の判子が捺してあった。

最後のページは、となりの高知県安芸市立安芸小学校で、ま新しい証明書の右上にえんぴつで、No.112と番号がつけてありました。

幸田先生が、目で問いかけると、

「はい。ここが百十三校めです。」

小説での「タカシ」は最初、バイク乗りの「竜《りゅう》ちゃん」に借りた赤いスカーフを首にまいていた。

〈天童タカシです。サーカスの子です。今まで学校を、百十二校かわってきました。その中で、ここがいちばんいい学校です〉

教室では殊勝にそんな挨拶を口にした「タカシ」は、初日からスカーフを取りなさいと言った教師に反抗し、サーカスをバカにしたクラスメートと喧嘩をした。体育の時間、気分が悪いからと見学をして何もしようとしない彼に対して、教師が心の〈荒廃〉を感じるシーンが興味深い。

学校には大人っぽい子もいれば、態度の大きな子、〈こましゃくれた子〉もいるが、誰もが子供らしいあどけなさを持っていた。だが、「タカシ」にはどこか世慣れたところがあり、それがサーカス育ちのせいなのか、転校を繰り返してきたせいなのか、教師はその心に染みついた垢のようなものを洗い落としてやりたいと思う。

これはあくまでも小説の中での話とはいえ、「移動学校」で育った健兄さんにこの教師の原田氏が見たのは、転校を繰り返しながらサーカスで育つ子供の奥深くに、言いようもなく染みついてしまう影のような何かであったに違いない。そうした「出会い」を一編の物語にしたくらいだから、中学三年生の時に再会した健兄さんの様子は、一人の教師の印象によほど強く残ったのだろう。

掛け小屋の頃に見ていて好きだったのは、やっぱり空中ブランコとオートバイだった。そう振り返る健兄さんは、徳島で中学校を卒業すると同時に舞台に立ち始めた。「誰でも入れる水産高校もある」とも言われていたが、母親であるおたみさんの「高校に行ってほしい」という思いはそこで潰えることになった。

健兄さんは中学三年生の頃から、初舞台に備えてカンスーや一本綱の練習をすでに始めていた。「初めて舞台に立った時は、そりゃあ、緊張したよ」というけれど、翌年からは一丁ブランコをやり始め、花形の空中ブランコの「中台」を任されるようになったのは、まだ十八歳のときだった。

サーカス芸は教わると言っても、結局は自分自身でコツをつかんでいくしかない。公演後の練習はときに厳しいものだったが、筋力を鍛え上げて体を作っては壊し、再び鍛えては壊すことを繰り返すうち、いつの間にか彼は筋骨たくましい芸人になっていた。

幼い頃から間近で芸を見ていた健兄さんは当然、覚えも早かった。空中ブランコでは最初、丸盆の低いところで練習をした後、実際の舞台の飛行台から撞木をつかんで飛ぶ練習を始める。初めて飛行台に登ると、高さは想像の二倍以上に感じたという。

先輩芸人から「まずは〝風船〟でやってみろ」と言われ、初めて飛行台から体を丸めて飛んでネットに落ちたとき、彼は「飛行する方は向いてないや」と思った。体重も重かった健兄さんは「中台」の負担が大きそうだったため、「おまえは中台の方が向いてそうだな」と言われた。そして、二度ほど公演後に練習をしたところで、「明日から舞台に出ろ」と命じられたのだった。

「できそうだな、と思ったら舞台に出る。それはサーカスでずっと芸を見続けてきたからできたんだよね。『練習して一年はかかる』と言う人もいるけど、中台ならそんなにはかからないよ。だって、中台なんて撞木からひっくり返って、飛んでくる奴を受けて向こうに投げればいいだけなんだから」

もちろん、これは健兄さんの謙遜だろう。

以来、彼は一本綱や空中ブランコのスター芸人として、キグレサーカスに欠かせない一人として周囲にも認められていった。次第に空中ブランコを若手芸人に教える立場にもなり、そのときは「高さ」の感覚にまずは慣らした後、「上手に飛んできた奴は受けるけど、飛び方が良くなかったら落とす」という教え方をするようになった。

「落ち方も勉強だから。本番の時は腕の曲げ伸ばしで力ずくでも何とかなるけど、あんまり悪い飛び方のを受けると怪我もするからね。まぁ、こっちとしては、相手が落ちようが何しようが構わないいんだからさ。ははは」

僕がキグレサーカスにいた頃、健兄さんは二十代のスター芸人だった。テント村で見かける健兄さんは、いつも明るくて、子供たちにも慕われていた。場越しのときに大テントにするすると登って解体作業をする姿には、子供心に「かっこよさ」を感じた。

その健兄さんから空中ブランコを教わった一人に、現在は長崎県の鉄工所で働いている土屋龍児さんがいる。後にまた詳しく書くが、大村市に暮らす龍児さんに会いに行ったとき、彼は「健兄さんの『中台』には安心感があったよね」と言った。

龍児さんは僕たちのヤサの隣に暮らしていた芸人の春子姐さんと、シンバルやドラムを叩く甲子雄さんの息子だった。当時は二十代前半の芸人で、「男組」と呼ばれる独身者のハウスに暮らしていた。

龍児さんはどっしりとした体格の貫禄ある人になっていて、「いまじゃトンボも切れないけどさ」と言っていたが、三十年以上前の健兄さんについて語るとき、眼鏡の奥の目が懐かしそうに輝いた。

「俺が空中ブランコを始めたのは十七歳の時だったかな。子供の頃から近眼で目が悪かったから、最初は『大丈夫かな』と思っていたけれど、慣れれば眼鏡をしていなくても気にならなくなった」

彼が「気にならなくなった」と語る理由の一つには、「中台」に座る健兄さんへの信頼感があったに違いない。「少しタイミングがずれても、健兄ちゃんなら受け止めてくれる」――そんな安心感だ。

龍児さんが今でも忘れられないのは、初めて命綱を外して飛んだ時のことだ。

それは飛行台から健兄さんに受け止められた後、反対側のブランコに足をかけて逆さまにぶら下がるという芸だった。しかし、最初の練習ではあんどんから垂らされた命綱をつけるため、ロープの重みによってどうしても飛行距離が出ない。投げられてもそのままネットに落下してしまう。健兄さんの腕にも命綱のロープが当たり、シュッと音を立てて火傷をさせてしまった。

だが、龍児さんも芸を間近で見て育ったサーカス育ちの子供である。中学卒業と同時に「男にとっての必須科目」という一本綱にも出演してきたし、厳しい練習も乗り越えてきた。いざ芸人として舞台に出ることが決まると、終演後のトレーニングは厳しさを増した。その練習の指導をしていたのが、健兄さんや美々姐さんの夫のマーボー兄さんだった。

「何をおいても筋肉がないと何もできないぞ」

一本綱の稽古ではあんどんから吊り下げられたロープに、まずは登っては降りることを繰り返した。それを繰り返していると次第に腕がつらくなり、いずれ限界を迎える。丸盆に思わず降りようとすると、下から鉤の付いた竹の棒を持った先輩芸人に「降りてくんな！」と突かれたものだった。それでも厳しいのは稽古の時だけで、終わればマーボー兄さんも健兄さんも、龍児さんの慕う兄貴分であった。

初めて空中ブランコの練習を始めたとき、何度か失敗を繰り返した後、十七歳の彼は「命綱を外してください」と言った。サーカス育ちの若い芸人は「高さは最初から怖くなかった」という者が多いが、龍児さんはそのとき少しだけ恐怖を感じた。以前に撞木が捻じれる形で一人の兄さんが落ち、ネットから弾かれて丸盆に落下したのを見たことがあったからだ。

キグレサーカスの空中ブランコは、「高さ二十メートル」とアナウンスされていたが、実際の飛行台の高さは十五メートルほどだったという。それでも命綱を付けずに立つと、その高度感には彼を緊張させる迫力があった。だが、実際に命綱を外して飛んでみると、彼は一発で芸を成功させた。そのときの爽快な気持ちは、ずっと心に残っている。

健兄さんの安定感ある中台、高度な技術で様々な「失敗」を見せて客を笑わせるピエロのマーボー兄さん、トランポリンチームにいた飯塚兄さんの一回半捻り……。

キグレの空中ブランコは外国のサーカスと比べて、中台と飛び手の距離が少しだけ近く設定されていたという。よって器械体操的な「三回転」といった芸は見せなかったが、その分だけ観客が見上げるような「高さ」を重視していた。

技を見せるのではなく、サーカスというショーを見せる。一九七〇年代後半のキグレサーカスは後楽園での公演も成功し、四十年近い歴史の中での絶頂期を迎えようとしていた。そのなかで、スター芸人の一人として健兄さんは若手芸人の中心にいたのだった。

彼に芸を習った龍児さんは言うのである。

「やっぱり自分のできる最高の芸を見せたい、っていつも思ってやってたよね。どれだけきれいに見せられるかを常に考えてさ。空中ブランコなら、ちょっと出が早かったらゆっくりブランコを揺らそうとしたり、宙返りをしてなるべく遅く受け手に手を伸ばしたり。飛び手が遅かったり早かったりしたら、中台も飛び手も衝撃が大きいでしょ。だから、落とされても文句は言わない。そういうことを瞬時にいつも考えて、ものすごく気持ちよく決まったときは、本当にいい気分になる。お客さんにとっては成功か失敗かだけれど、僕らはそういうことを考えて飛んでいた」

それは健兄さんに教わった芸に対する姿勢でもあったのだろう。

そして、そんな健兄さんとキグレサーカスにとって、今なお語り草になっているのが一九七九年のある出来事だ。

この年の十二月、キグレサーカスはモナコ公国のサーカスの祭典「モンテカルロ国際サーカス・フェスティバル」（サーカス・オリンピック）に日本代表として招待を受けた。メンバーに選ばれたのは和枝姐さんの息子であるハツオさんと健兄さんで、けが人が生じた際の代役として同行したのが、トランポリンチームを率いていたリーダーこと八木正文さんだった。

3

僕が八木さんと再会したのは、ある一つの偶然がきっかけだった。まだ新型コロナウイルスの流行が始まる前、埼玉県でポップサーカスの公演が行われたときのことだ。ある新聞社から「思い出の地」について語るインタビューを受けた僕は、キグレサーカスでの体験を記者に語った。その際、写真撮影の場所として指定されたのが、外国人の芸人を中心に次々とアクロバティックな芸が披露されるこのサーカスの公演地だった。

キグレサーカスではないとはいえ、久々にサーカスの大テントを見つめていると、懐かしさで胸がいっぱいになった――。そんな話をこのサーカスの広報担当者に話したとき、「うちにもキグレから来た人が一人、働いているんですよ」と伝えられた。その人こそが、僕がいたときに芸人たちのリーダー的な存在だった八木さんだったのである。

この日は八木さんには会えなかったけれど、後日、僕は四歳になる娘を連れてポップサーカスを見に行った。くしくも母とサーカスを訪れた際の自分と同じくらいの年齢の娘の手を引き、大テントの前に立っていると、その場所に親子でいることが何かの運命のように感じられ、僕は赤と黄色の大天幕をぼんやりと見つめた。あの大天幕の後ろに――今は全てコンテナハウスとはいえ――芸人たちの生活が今もあるのだ。そう思うと胸の奥に疼くような切なさを感じた。

舞台での華やかなショーを見た後、僕は広報担当者に頼んで八木さんと三十数年ぶりの再会を果たした。

「れんれんか。懐かしいなあ」

八木さんはすっかり初老の渋みを漂わせていたけれど、小柄でがっしりと安定した体つきをしていた。おそらくこのサーカスで芸のアドバイスや運営の仕事に携わっているのだろう彼は、子供時代の面影を探すように僕を見つめ、そして、何かを受け入れるような笑顔を見せた。ちなみに、彼は美一さんが「どっちが兄か弟だかここで決着つけろ」と風呂場で啖呵を切ったときに僕といた、同い年のつなぎの父親でもある。

僕が八木さんに連絡を取ったのは、それから一年以上が経ってからのことだ。

「サーカスの話を聞きたいんです」

そう言って電話をかけてきた僕に対して、八木さんは「俺なんかの話で良ければ――」とすぐに応じてくれた。

八木さんは一九五〇年、愛媛県の松山市に生まれた。中学生の時から器械体操を始め、高校時代にはインターハイに出場した経験も持っている。一つ下の後輩にオリンピック選手がいたほどで、選手としてのレベルはかなり高かったといえる。その経験と体操選手としての実力が、後にキグレサーカスでの八木さんの立場を作っていくことになる。

一九六八年に高校を卒業後、八木さんが就職したのはスポーツ器具のリースやトランポリンを中心としたショービジネスを展開する「小宮スポーツセンター」という東京の会社だった。

「例えば、昔は国鉄の大規模な慰安会なんかがあってさ。各地の会館で僕らがチームを組んで三十分くらいのトランポリンのショーを見せるわけ。美空ひばりの前座をやったり、中野サンプラザのイベントやキャバレーの『ミカド』に呼ばれたりしてさ。それこそ北海道から鹿児島まで興行で動き回っていたんだよね」

一度のショーで支払われるのは六万円ほど。それを一日に二度は行っていたため、小宮スポーツセンターの収益はかなりのものだったと思われる。ただ、まだ十八歳の地方から出てきたばかりの若者にとって、朝は早くから練習をして、夜はショーパブでトランポリンの芸を見せる仕事はかなりきついものだった。

子供の頃から厳しい練習をしてきた彼は、体力的に音を上げるようなことは全くなかった。しかし、キャバレーで素人の酔客をステージに上げ、トランポリンで遊ばせて笑いをとるやり取りには最初は戸惑いがあった。派手なドレスを着た女たちを前にして、ときにはお愛想笑いをしながら客の相手をする。その日々はまだ十代の彼にテレ臭いようなこそばゆさを抱かせたのだった。

それでも、小宮スポーツセンターでの仕事を嫌だと感じたことはなかった。好きな体操をして飯が食える——それは体操の競技選手だった彼にとって、何よりも重要なことだった。次第に客を喜ばせるやり方も身に付け、数年後にはトランポリンチームの中心として、マイクを持ってショーを盛り上げるようになった。そして、その小宮スポーツセンターが一九七〇年代に入って契約したのがキグレサーカスだった。

八木さんによると、この頃のキグレサーカスは芸人が少なくなり、芸の担い手を何とか増やそうとしていた時期だったらしい。小宮スポーツセンターは年に一度か二度、サーカスの公演に呼ばれていた縁もあり、その流れでキグレにトランポリンチームごと「入団」するという話が持ち上がったという。

チームの人数は彼を含めて五人。二年後に彼らは「キグレプロダクション」という新会社の所属となり、キグレサーカスになくてはならない存在になっていった。歌手だった十九歳の美一さんがラジオ番組の収録で訪れた際、泊まったのもトランポリンチームの女性たちのヤサだった。

「俺たちのような訓練された若いメンバーが入れば、どんな芸でも練習すればできる。だから、俺もサーカスにあった昔の芸を掘り起こして、ショーの幅を広げていったんだね」

八木さんはそれまで各々の芸人が独自に行っていた練習を体系化し、キグレサーカスの芸の底上げを図った。まだ中学生だった健兄さんに芸を教えた一人でもある。

「健は中学を出てから年齢とともに体格も良くなって、空中ブランコのキャッチャーをやらせてもいいと思えるくらいになった。性格もいいし、芸の飲み込みもいい。やっぱりずっと舞台を見てきたから覚えが早いんだ。ショーの中での動きが分かっていて、観察力に優れていたから、それを自分の芸に取り込んでいくのが本当に上手だったんだ」

この頃、サーカスには「芸人になりたい」と外からやってくる者もいたものの、「使えるのは三割程度」だったという。サーカスは入るのも出ていくのも自由だが、最初は誰もが一人で友達もいない。多少の芸を覚えてもきつい練習に耐えられず、相談相手を作れずに途中でいなくなる若者も多かった。

八木さんは経験のない素人に芸を教える際は、まずは基本中の基本である前転と後転から始めた。そこから徐々に動きを増やしていき、運動神経やどんな芸ができそうなのかを見極めていった。

「あとは高さへの恐怖をどう克服するか、という問題もあった。都会育ちの子はサーカス育ちの子と違って、あちこちサルのように走り回って遊んでこなかったでしょう。そういう育ち方の違いが、あるときてきめんに出てくるんだよ」

八木さんがそのように芸を教える立場だったことを考えると、モナコで行われるサーカス・オリンピックのメンバーに、彼が補欠要員として選ばれたのは必然的なことだった。

一九七九年十二月某日、健兄さん、和枝姐さんの息子のハツオさん、水野団長や八木さんたちは、アンカレッジ経由でロンドンに行き、飛行機を乗り継いで南仏のニース空港からモナコへと向かった。

健兄さんは懐かしそうに言う。

「F1グランプリで出てくる有名なホテルがあるだろ。その前を通ったマシンがトンネルを抜けた先のヨットハーバーに、大きなテントが設営されていてさ。そこがサーカス・オリンピックの会場だったんだ」

サーカス・オリンピックは正式名称を「VIe Festival International du CIRQUE」と言い、リング・リングサーカスやボリショイサーカスなど、十七か国から約五十団体が集まった。それぞれのサーカスは大観衆の前で一種目だけ演技をして、それをモナコ公国のレーニエ大公やグレース王妃を含む十数名の審査員が審査する。

健兄さんたちが披露するのは、「空中出初の舞」という、後に「空中アクロバット」と呼ばれるものをアレンジした芸だった。健兄さんが立てられたポールの輪っかにぶら下がり、ハツオさんをぶら下げる。そこで様々な動きを見せた最後に、もともと捻って編み上げてあったロープに足をかけたハツオさんを、健兄さんが丸盆へと落とす。落とされたハツオさんは地面すれすれで止まり、観客をはっと驚かす十分ほどの演目だ。

彼らは日本の「和」を表現するため、ポールを火消しの梯子風に作り直し、連獅子の衣装で舞台に登場する趣向を考えた。これは衣装を担当していた八紘さんの提案だった。本番では音響係として八木さんが音を出し、二人は簡単な振付の踊りを披露して観客席を見渡した後、ぱっと衣装を脱いで半被姿になった。そして、おもむろにポールに登っていくと、会場からはやんやの喝采を受けた。

「そりゃ、地球の裏側から来た連中だっていうだけで、大盛り上がりだったよ」

と、健兄さんは振り返る。

クライマックスの落下を見せて芸を終えたときの観客席からの歓声の大きさは、健兄さんや八木さんにとって忘れられない思い出となった。客たちは拍手とともに立ち上がり、足を踏み鳴らして会場は大盛り上がりだった。

キグレサーカスが披露したこの芸は最終選考に残り、アンコールで再び演目を行った。結果的にこの年のグランプリはロシアのモスクワ国立アクロバットチームが受賞したものの、キグレサーカスにも優秀作品の栄誉が与えられた。サーカス・オリンピックへの参加を証明するクラウンを描いたメダルとトロフィーは、その後もキグレサーカスの事務所にずっと飾られることになった。

「あのメダルはさ――」

と、健兄さんは言った。

「そのとき聞いた話では、海外だと個人でサーカスを渡り歩いている芸人も多いから、持っていればどこでも雇ってもらえるそうでさ。お金を出してでも出たい場所だというんだね」

ショーの夜、紋付き袴姿でレセプションに参加した一行は、パーティの場でも注目の的だった。席上ではレーニエ大公から「また来年も出場してほしい」と言われた。翌年の出場は日本での公演があって実現できなかったが、日本で初めてこのフェスティバルに招待されたことは、キグレサーカスにとって大きな誇りとなるものだった。

彼らはモナコのカジノで遊び、パリに寄って凱旋門やエッフェル塔を見た。数日間の濃密な時間を過ごした後に帰国し、水野団長は日本での公演パンフレットに次のように書いた。

1979年12月7日、我々はレーニエ大公、グレース王妃等10数名の選考委員と大観衆の前で日本の古式豊かな、町火消による出初式をアレンジした「空中出初の舞」を披露しました。そして幸にも優秀作品として最終選考に残され、万雷の拍手に迎えられ再演できたのです。しかし、世界の壁は厚くグランプリは取ることができませんでしたが、最終選考に残されたことは、キグレサーカスにとっては大変栄誉あることで大きな自信となりました。又、レセプションの席上、レーニエ大公から来年もぜひ出場してほしいとの言葉を頂だきましたことは、当サーカスはもとより、日本のサーカス界にとって大きな自信になったことと自負いたしております。

若く気力溢れる芸人たちと三木のり平が構成した舞台構成、八木さんのいるトランポリンチームの存在……。この頃、キグレは一つの絶頂期を迎えようとしていた。

そして、その背景にはもう一つの大きな要因があった。それは数年前にカンスーの事故で亡くなった栗原徹の評伝『翔べイカロスの翼』（草鹿宏著）がベストセラーとなり、まだ二十代だったさだまさしの主演で一九八〇年に映画化されたことだった。

4

土屋龍児という名の転校生が新潟市立白新中学校に転校してきたのは、サーカス・オリンピックがモナコで開かれた一九七九年十二月のことだった。

白新中学校は新潟市内の中心部にあり、近くには信濃川をわたる越後線の長い鉄橋が見える。その校舎から二百メートルほど離れた企業の野球グラウンドに、サーカスの赤と青のストライプの大天幕が現れたのは数日前のことだった。

当時、この中学校の三年生だった吉田慎作さんは、

「サーカスにいる奴が転校してくるらしい」

という噂を興味深く聞いていた。

そして、同じクラスに転校してきた龍児さんの存在が、その後の自分の進路を大きく変えることになるとは、このときはまだ知る由もなかった。

龍児さんは僕がサーカスにいたとき、いつも隣のヤサにいた春子姐さんと甲子雄さんの息子

で、当時はすでに「男組」と呼ばれる独身者用のテントに暮らしていた。

サーカスで生まれ育った彼は、健児さんと同様に「移動学校」で中学卒業までを過ごしたロだ。だが、小学生の頃は「サーカスの子が来た！」と転校先で人だかりができたけれど、中学三年生ともなると、クラスメートたちは最初、転校生を遠巻きに見つめるようになるのが常だった。

そんななか、話し相手もなく自分の席に座っていた龍児さんに、最初に話しかけたのが慎作さんだった。

「俺さ、慎作っていうんだ。よろしくな」

そうして二人は休み時間に話すようになり、すぐに仲良くなった。

しばらくして、慎作さんは龍児さんに誘われて、学校帰りにサーカス村のテントに寄るようになった。「サーカスを見においでよ」ではなく、「俺の家に遊びに来てよ」と誘われたのが最初だった。だから、慎作さんとサーカスの出会いは大テントでのショーではなく、その裏側にある「村」での生活であった。

新潟公演の開かれている二か月のあいだ、慎作さんは放課後のほとんどを龍児さんと過ごした。そのうち、「ただいま」と言ってやってくる彼を、サーカスの人々も「龍児の友達か」とすんなりと受け入れ、舞台後の丸盆で一輪車に乗ってみたり、龍児さんが若手芸人と寝泊まりしている「男組」で話し込んだりする様子を微笑ましく見つめていた。「男組」には、キグレサーカスのスター芸人になっていた健児さんもいた。

ちょうど同じ頃、キグレサーカスでは一つの大きなイベントが進行中だった。それは映画化の決まった「翔べイカロスの翼」の撮影で、映画には利枝姐さんや美々姐さんも芸人として出演するため、大々的な記者会見が行われた。撮影が始まると、さだまさしやハナ肇といった出演者が出入りするようになった。

「俺がサーカスを好きになったのは、たぶんそこにあった『非日常』の感じに惹かれていたからだと思う」

と、慎作さんは振り返る。

土曜日になると、彼は「男組」のハウスに夜遅くまで入りびたり、ときには龍児さんの布団に潜り込んで朝まで過ごすこともあった。

「龍児が夜に『腹が減ったから本部に行こう』と言って、炊事場の炊飯器に味噌を混ぜて食べた時のことが印象に残っているんだ。釜に手を入れて食べていたら、おたみさんに見つかっちゃってさ。『二人ともそこに座れ』と言われて、正座してがっつりと龍児と一緒に叱られた。サーカスには外の子供であっても、そんなふうに悪いことをしたら叱る、っていうルールがちゃんとあったんだね」

一方、その頃の龍児さんは、翌年の中学卒業を控えて舞台に出るための練習をしている最中でもあった。

龍児さんの両親は二人とも芸人で、母親の春子姐さんも父親の甲子雄さんも長く舞台に立ち続けてきた人だった。春子さんは掛け小屋時代、美々姐さんの母親・てるさんのズマの「人間切断ショー」での切られ役で、空中ブランコなどでも活躍していた。甲子雄さんも空中ブランコに出演している「芸人一家」であった。

戦後、長野県小諸の出身の甲子雄さんはキグレサーカスの本拠地である札幌にいたとき、キグレの知人から「手伝いに来てくれないか」と言われたのが入団のきっかけだったという。春子さんは茨城県の出身で、十代の頃に家出して旅芸人の一座について回っていたと龍児さんは聞いている。そのなかでサーカスに憧れ、芸人としてキグレに来たとのことだった。龍児さんは福岡県の八女《やめ》市での公演中に生まれたそうだ。

長崎県大村市の自宅で話を聞いた際、龍児さんはこう語っていた。

「両親は『子供も育てばサーカスをやるだろう』っていうくらいに思っていたんじゃないかな。ずっと小さい頃、俺の母さんがズマに出ていて、本部のお母さんの大道具のでっかいノコギリで胴切りされているのを見ていたのを覚えている。斬られた瞬間に高舞台の下に滑り落ちて、胴をくっつけたときにぱっといなくなるんだ」

幼い頃の記憶で特に覚えているのは、札幌の中島公園での公演のことだ。「キグレサーカス」と書かれた木札を貰い、見世物小屋を一人で見て歩いた。「牛女」や「火噴き女」の小屋から小屋へと走り回っていると、木札を見たテキヤが「おいで、おいで」と手招きをする。近づくと、タコ焼きや焼きそばを「持っていけ」と渡されたものだった。

女がろうそくの束を噴いたときの火の大きさや、ニシキヘビを触らせてもらった時の感触が彼の胸には残っている。

「だから、子供の頃から芸も自然とやるようになったんだ。親もやっているんだから、自分もやるんだという感覚だった。中一のときから一輪車に乗って遊んでいたし、八木さんにトランポリンに乗せてもらったり、ぜんぶが遊びの中にあったから。それで、中学二年生の頃からは夕方の練習に参加するようになった」

八木さんは芸人の訓練では厳しかったが、子供たちにはとても優しかった。トランポリンに乗って遊ぶ子供たちを、彼はいつもにこやかな笑顔で見守っていた。中学三年生になると、足の筋力をつけるために人を背負って歩いたり、マーボー兄さんから「一本綱をやってみるか」と誘われたりしていた。そんなとき出会ったのが、新潟公演のときの慎作さんだった。

「移動学校っていうものに、俺はあまりいい思い出はないんだよね。友達ができてもすぐに別れないといけないし、次の場所で新しい友達を作り直しても、またすぐに別れがやってくる。その繰り返しが嫌だな、って思っていたから」

それに、「移動学校」では勉強にどうしても遅れが出る。学校によって教科書の進み具合も変わり、教え方も異なるからだ。団長はそんな子供たちのために、家庭教師をサーカスに呼んでくれたけれど、それでも限界があった。

その意味で慎作さんの存在は、龍児さんにとっても大きなものだった。一人ぼっちでいる自分のような転校生に声をかけてくれて、二か月の間に「親友」と呼べるような関係になり、土曜日になれば泊りにも来てくれる友人は後にも先にも彼だけだった。

慎作さんは鉄道マニアで、将来は国鉄の運転手になりたいという夢を語った。一度、市内の自宅を訪れると鉄道模型のNゲージがあり、ちょうど封切られた「銀河鉄道999」の映画の話で盛り上がったのも良い思い出だった。さだまさしなどを交えた映画の打ち上げには、慎作さんも参加した。

だが、そんな出会いのあった新潟公演もまた、二か月間が過ぎると次の公演への場越しが行われる。荷造りが始まると、次にやってきたのはいつもの「別れ」だった。サーカスは瞬く間に大天幕やテント村を片付け、トラックを連ねて次の公演地である北に向かっていく。

慎作さんは龍児さんと手紙のやり取りをしようと約束したが、何もなくなった野球場の前に立つと、何とも言えない寂しさが胸に湧き上がってくるのを感じた。

「今でいうところのサーカスロスだったよね」

と、彼は言う。

つい数日前まで学校帰りに遊びに行くと、演芸中のあの大天幕からはくぐもった観客の歓声が聞こえてきた。テント村では団員たちや芸を終えた芸人が行き交い、象やチンパンジーや犬の鳴き声が聞こえていた。それは新潟の一人の中学三年生だった彼にとって、まさに祭りの中にいるようなものだった。

ところが、今やその賑やかだったサーカスは跡形もなく、これまでは意識することすらなかった企業の野球グラウンドがそこにあるだけだった。

「心にぽっかりと穴が空くというのは、こういうことなんだな」

慎作さんはそう思い、胸にはただただ祭りを終えた後のような寂寞とした気持ちが広がっていた。

四月、地元の工業高校に進学した彼は、龍児さんと手紙でのやり取りを続けた。サーカスが今いる場所を伝えてくる手紙を読んでいると、「サーカスに帰りたい」と表現したくなるような思いが胸に生じた。

手紙には五月のゴールデンウィークのとき、キグレサーカスは秋田で公演をする予定だ、とあった。彼は居ても立っても居られない気持ちになり、高校生になって初めての連休を利用して、もはや「懐かしい」と感じるようになったサーカスを訪れることにした。

羽越本線で秋田まで行った彼は、この連休の三日間、龍児さんに再会するだけではなく、サーカスで「後見」の見習いのアルバイトをさせてもらった。「後見」は演芸中に舞台の設営や入れ替えを行う裏方の仕事で、それは「龍児の友達だから、電車賃くらいは出してやろう」という幹部の団員の計らいだった。

以来、慎作さんは高校時代の三年間、夏休みや春休み、冬休みの全てをサーカスでアルバイトをして過ごすようになった。公演地が東北であっても、関東や九州であっても電車を乗り継いで向かい、「男組」のヤサに泊まって「後見」の仕事をする。すでに龍児さんは舞台に立って一本綱などに出演していたが、それ以外の時間は同じ舞台での後見の仕事もしていた。

彼らはユニフォームである紺色の長袖とジーンズのパンツ姿で、空中ブランコの前になればネットを張り、綱渡りなどの際はマットを持ち、芸人の動きに合わせて丸盆を動いていく。また、カンスーでは「振り止め」と言って、ワイヤーがぶれないように左右にしっかり張り、芸が終わって舞台が暗転したと同時に落とされるワイヤーを暗闇の中で一気に巻き上げたり、オートバイの演目に使うアイアン・ホールを舞台の前面まで押したりする。

キグレサーカスでは演目（当時は「宇宙への旅」）に沿って、連続的に芸が続いていくため、裏方も次の動きをしっかりと頭に入れておく必要があった。最初の夏休みが半ばを迎える頃になると、「それぞれの芸の音楽が流れるだけで、身体が勝手に動くようになった」と慎作さんは振り返る。

仕事に慣れてきた頃、「後見長」からこう言われたことを彼は覚えている。

「もし芸人が落下しても下からまともに受け止めようとしてはダメだ」

例えば、体重六十キログラムの芸人が五メートルの高さから落ちた場合、下で受け止めるときの衝撃は何倍にもなる。カンスーなどは七メートルの高さに鉄線が張られる。それをまともに受け止めてしまうと、下手をすれば後見も大けがではすまない。

「じゃあ、どうすればいいか。もしものときは、どうにか体当たりをするんだ。そうすれば落ちたときの衝撃が減るから。絶対に下に入ってはダメだぞ。体当たりだぞ」

「高物」の芸で落下事故があった場合、怪我をするのは仕方がない。しかし、衝撃を減らすことさえできれば、最悪の事態は回避できるかもしれない……。

それは栗原徹と、清水さんの妻であるひろこさんという二人の芸人が立て続けに亡くなった事故を経験したばかりの後見長が、極めて真剣に伝えた心得だった。

「俺も高校時代のアルバイトの中で、何度か危ないシーンを見たことがあったんだよ。カンスーのときに鉄線を一輪車で渡っている途中で落ちたのを見たことがあるし、オートバイでブイーンとアイアン・ホールの天辺まで上がった芸人が落下したこともある。空中ブランコで一回転半して撞木につかまったとき、片手しか持てなくてブランコに振られて落ち、ネットにぎりぎりで引っかかったときは本当に冷や汗ものだった。もう一メートルずれていたら客席に落ちていたかもしれなかったから」

いずれにせよ、慎作さんは後見の仕事をそのように身に付けながら、高校時代の三年間ですっかりサーカスでの生活に馴染んでいった。学校に通っていると、いつも休みが来るのが待ち遠しかった。

十六歳になって彼も龍児さんも原付の免許を取り、休みの日になれば遠出をして遊ぶこともあった。近くのゲームセンターや喫茶店に行けば、いつまでも話が尽きなかった。「男組」のヤサでともに過ごす二十代の健兄さんは面倒見が良く、彼の冗談や下ネタを聞いて笑い転げるのも楽しいひとときだった。旅費をサーカスでのアルバイトで稼ぎ、「親友」と間違いなく呼べる友を得たことは、慎作さんにとって何物にも代え難い喜びであり青春であった。

そうして長期の休みにサーカスに出入りするうちに、周囲からも「高校を卒業したらうちに来るんだろう」と自然と言われるようになった。幼い頃から鉄道が好きだった彼には運転士になりたいという夢があったのだけれど、高校卒業を翌年に控えた一九八二年頃は国鉄がＪＲへの民営化を前に労働組合と当局との闘争が激化していた時期だった。この年、国鉄は新卒採用を取りやめており、大学に進学するつもりのなかった慎作さんの心は自ずとサーカスへの就職へと向かっていった。

ただ、その決断を下すためには、一つだけ解決しなければならない問題があった。それはすでに新潟の企業を定年退職し、二人で暮らしていた六十代の父親の存在だった。父親の名前は力三さんと言い、慎作さんは彼が四十歳をとうに超えた時期に生まれた子供だった。年の離れた姉はすでに新潟を離れており、これから年老いていく父親を一人残したまま自分が日本全国を回るサーカスで働いていいものかどうか、慎作さんはしばらく悩むことになった。

「だって、『サーカスに入るわ』といきなり言われたら、普通の親なら『なに言ってんだおまえ』ってなるでしょ？　でも、親父はあっさりこう言ってくれたんだ。『そうか。若いうちにいろんなところに行けるのは勉強になるし、お前がやりたいなら何でもやるのはいいことだ』って」

ただね——と彼は続けた。慎作さんは父親を一人、新潟に残して就職するつもりはなかった。「サーカスに行くのであれば親父も一緒に連れていく」。そう心に決めていたのである。

「だから、十八歳でサーカスに入るとき、俺は団長にこう頼んだんだ。『親父も一緒に連れてきていいでしょうか』ってさ」

慎作さんを「おい、少年!」といつも呼んでいた団長は、この頼みを受け入れてくれた。その上、父親にも売店でアルバイトをしてもらえばいいからと、親子二人を同時に雇ってくれるという。それは当時のキグレサーカスの懐の広さを表すものだった。

5

ところで、慎作さんの父親であるこの力三さんは、僕と母にとってサーカスでの思い出に欠かせない人だ。

サーカスにいたとき、まだ小学校に入っていない僕は朝からテント村を駆け回って遊んでいたけれど、大天幕から音楽が聞こえると、一日に何度でも舞台を見に行っていた。その際、僕は炊事場にいる母に——朝なら自分のヤサの側幕を上げて——「五十円ちょうだい!」とねだった。サーカスの子供は売店に行くと、百円で売っているかちかちのアイスを五十円で買えたからだった。

ときには形の崩れたものをタダでもらえることもあった。そして、その売店にいつも立っているのが力三さんだった。彼は「ちんちゃく」というあだ名が付けられた慎作さんの父親だったため、「ちんパパ」と呼ばれていた。でも、僕と母は彼のことを「売店のパパさん」、あるいは単に「パパさん」と呼んだ。丸い眼鏡をかけたパパさんはひょろりと背が高く、冬の時期には灰色のジャンパーをいつも着ていた。優しくて気さくな人だった。

僕ら二人の家族はサーカスにいる間、この「パパさん」にいつも世話になっていた。夕方、舞台がはねて売店が閉められると、「本部」に夕食を取りに行く前に彼が僕らのヤサに来ることがあった。

「おい、連。今日は風呂に入って、そのあと町で飯を食うぞ」

そう言ってパパさんは僕らを連れ出す。公演地の近くに温泉でもあれば、いつも一緒に連れて行ってくれた。近くの居酒屋で母はパパさんの晩酌に付き合い、僕は彼の膝の上に座った。ときには、「恵《けい》ちゃん」と僕の母の名を呼び、「連を借りていくぞー」と二人きりで銭湯に行くこともあった。日本酒の盃をちびちびと傾けながら、赤ら顔で酔って話をするパパさんが僕は好きだった。あるいは、それは父親のいなかった僕にとって、何か一つのかけがえのない時間であるような感覚があったのかもしれない。

僕はパパさんに孫のように可愛がられたという思いがある。一年が経ってサーカスを去るとき、彼は腰を下ろして僕の目を見据えて言った。

「いいか、連。パパさんのことを忘れるんじゃないぞ」

そう言い含めるように伝えるパパさんの表情は真剣だった。そして、僕はパパさんのことをそれから二度と忘れなかった。

現在は金沢市で電気工事の仕事をしている慎作さんに、僕が初めて会いに行ったのは二〇二一年十月のことだった。

慎作さんはパパさんと同じように上背があり、精悍な顔つきの一方でいつも冗談を言っているような愛嬌のある人だった。数年前に離婚しており、二人の娘が名古屋と沖縄で働いているという。

その日、僕は慎作さんが買ったばかりだという市内の古い家に泊めてもらったのだけれど、美々姐さんがそうだったように、彼は僕の顔を見ながらしみじみと「サーカスに来た時は、いつもぴいぴいと泣いていたよなあ、れんれんは――」と言った。

「そりゃあ、そうだよな。全く知らない場所にお母さんと二人で来たんだからさ。ずっとお母さんの後ろにしがみついて、何かあったら『ええん』と泣く。でも、最初は『また連が泣いてる』なんて言われていたれんれんが、しばらくするとすっかりたくましくなって、サーカスの子供らしくなっていったのには驚いた。子供たちの集団の一番後ろを追いかけるようにして、和枝姐さんに『こらー、おまえらあ！』と怒鳴られていたのを覚えているよ」

　僕がパパさんとの思い出を話すと、彼は「それは全く知らなかったなあ」と意外そうな表情を浮かべた。当時、慎作さんは二十歳になったばかりの若者で、周囲の子供たちや親のことは「それほど目に入っていなかった」という。

「まァ、うちの親父にしてみたら、れんれんは孫みたいな感じだったのかもしれんね。俺が生まれたのは親父が四十八歳のときで、まだ孫ができるような年じゃなかったから」


　さて、そんなわけで慎作さんは高校を卒業するとき、新潟の自宅に暮らしていた力三さんと一緒にサーカスに入団した。

　力三さんは大正五年に生まれた。太平洋戦争のときは陸軍に所属し、最終的な階級は少佐だったという。日本に戻ってきたのは戦中で、中国大陸の戦線で背中に弾丸を受けて負傷兵になったからだった。怪我が癒えた後は皇室の近衛兵になり、そのまま終戦を迎えた。

　慎作さんが子供の頃、一緒に風呂に入っていると、彼の背中にはケロイド状になった小さな傷跡が残っていた。

「これはなに？」

　そう聞くと、力三さんは戦争の話をぽつぽつと語ったそうだ。

　力三さんの実家はもともと新潟市内の大地主だったが、戦後の農地解放で吉田家の財産はほとんどなくなったという。終戦時に二十代後半だった力三さんには娘が一人いたが、その慎作さんの姉は早くから大阪に出て美容師になった。戦争が終わってから自分の生まれるまでの二十年近くの間、父親がどんな人生を歩んできたのかを慎作さんは知らない。

「ただ、母親が店をやるために危ないところから借金をして、あるとき家を出て蒸発しちゃってさ。だから、小さい頃は家にガラの悪い借金取りが取り立てに来て、本当に大変な騒ぎだった時期もあって……。親父はその対応にすごく苦労していたんだと思う」

慎作さんが高校を卒業したとき、力三さんは地元の小さな企業の役員を経て、定年退職したばかりだった。二人は会社の厚意で社宅にしばらく住まわせてもらっていたが、いつまでも社宅にいるわけにはいかなかった。

それに、慎作さんが何より心配したのは、定年後、六十五歳になるパパさんが昼間から酒を飲んでは、好きな時に横になって寝ているような生活を送っていたことだった。高校二年生の夏休み、例によって熊本での公演にアルバイトに行ったとき、力三さんが風邪をこじらせて入院したこともあった。そんな父親を残したままサーカスには行けない、という気持ちが慎作さんにはあった。だが、「サーカスで働くという突拍子もない話を、どうやって親父に説得しようか――」。彼はしばらく悩んだ。

ところが意外だったのは、意を決して「親父も一緒にサーカスに行こうよ」と伝えたときのことだ。力三さんは最初、「俺も行くのか?」と意外そうな顔をしたものの、驚くほどすんなりと「そうか。それも面白そうだな」と答えた。

「たぶん、あのとき親父の胸の中にあったのは――」

と、慎作さんは話す。

「高校の三年生の夏休みにキグレの金沢公演があったんだ。東京の立川でサーカスをやって、夏休みが始まった頃に金沢に移動したから、そのとき俺は初めて『乗り込み』を経験したの。その金沢公演に新潟から親父を呼んでみたんだ」

最初は「いつも息子が世話になっているサーカスとは、どんなところだろうか。お礼も言わなければならない」と理由を付け、力三さんはキグレサーカスにやってきた。

すると、サーカスでは「ちんちゃくのお父さんが来た」ということで、二人のテントのヤサが用意された。そのとき力三さんは売店でアルバイトとして働き、夏休みが終わるまでサーカスで過ごした。

慎作さんが一緒にサーカスに行こうと伝えたとき、力三さんが「それも悪くないか」と感じたのは、この金沢公演での経験が面白かったからだったようだ。

「いま、つくづく思うんだ――」

と、慎作さんは言った。

「もしあのとき、そのまま俺たちが二人きりで新潟に暮らしていたら、高校を卒業したばかりの安月給で親父を食わせていくのは無理だったと思う。年金があっても家があるわけではないし、社宅も出て行かなければならない。下手をすれば路頭に迷った可能性だってあったと思うんだ」

だから、キグレサーカスが自分たちを救ってくれた――。

そんな思いが慎作さんにはある。

「サーカスに入ったことで衣食住が確保されて、親父もバイトとして雇ってもらえた。ただ新潟で食って飲んでいるだけのじいさんが、サーカスで全国を転々として、休みの日になれば観光地に行ったり好きな温泉に行ったりもできる。まさに俺たちはサーカスに拾ってもらったんだ。当時はまだまだサーカスには偏見がある人もいて、同級生の母親から『時代は変わったんだね。昔は売られていくところだったのに』なんて言われもしたけれど、俺も親父もとにかくサーカスに助けられたんだよ」

6

「少年、君は背が高いから芸人には向かない。喋りがうまいから営業をやってほしい」

キグレサーカスに就職したとき、慎作さんは事務所で団長からそう言われた。

団長が「背が高いから芸人には向かない」と言ったのには理由があった。サーカスの芸は技だけではなく、観客を「魅せる芸」だ。

例えば空中ブランコのショーでは技の難しさもさることながら、下から見上げるような「高さ」が客の心を昂らせる。

しかし背の高い芸人が撞木にぶら下がると、見る側にはネットと芸人の距離が短く感じられてしまう。客たちは芸人の身長など意識していないため、一人でも長身の芸人が混ざると全体の「高さ」が消えてしまうのだ。空中ブランコに限らず、綱渡りでもトランポリンでも同じことが言えた。小柄でスキルのある芸人ほど、舞台では芸が映えるというわけだ。

彼自身、高校時代は「後見」のアルバイトをしていた。終演後の丸盆で龍児さんと遊ぶなかで、一輪車にはどうにか乗れるようになっていたし、二人でピエロの恰好をして舞台に出してもらったこともあったものの、もとより芸人になりたいわけではなかった。

団長はハウスの前の花壇で花を育てる優しい人だったが、当然のことながらサーカスの中では特別な存在であり、「本部」でも彼が入ってくるとぴりっとした緊張感が団員の間に流れる。

「はい！」

と、慎作さんも二つ返事で元気よく言った。

「それから、親父さんのことだけど、彼には売店の仕事をしてもらえばいい」

そうして父子のサーカスでの暮らしは始まったのであった。

最初の公演地の岐阜市内でサーカスに合流すると、二人には金沢公演の際にも借りたテントが用意されていた。突き出しの三畳のスペースを入れて、全体で九畳ほどのテントだった。大人が二人で暮らすには狭いが、会社の社宅の前にいた借家も六畳一間のアパートだったため、広さは全く気にならなかった。

ヤサの幕を上げて外を見れば、大天幕や他の人々の暮らすテントが見える。空高くそびえるような大天幕の頂で、キグレサーカスの旗が風に揺れている。

「住めば都だ」

ひとまずそう感じた彼はまだ十八歳で、これから大好きなサーカスで仕事をしていくんだ、と思うと胸が沸き立つようだった。

サーカスでの「営業」の仕事とは、いわゆる「先乗り」と呼ばれるものだ。二か月間の公演の途中から彼らは次の場越しの地に向かい、様々な手続きや準備を行う。大テントを設営するために測量をして杭を打つ場所を確認するのはもちろん、地元の役場に行ってサーカスの興行を行うことを伝え、仮設建築物の設営の許可や消防署の書類を揃える。また、象やチンパンジー、アシカを飼育する届け出も保健所に提出する必要がある。

それらと同時に必要なのが宣伝・広告の手配だ。キグレサーカスは読売新聞社系の新聞社の後援を受けており、そのチケットが新聞の拡販にも使われていた。

芸人たちが場越しをしてくると、ときには商店街をレンタカー店で借りたオープンカーや一輪車、動物の隊列を作って練り歩くこともある。普段は歩行者天国になっている道路の使用許可を取ったり、地元の小中学校の鼓笛隊に声をかけたりするのも彼らの仕事だった。

慎作さんがよく声をかけていたのは、地方にあるオートバイの「ハーレークラブ」だった。彼らに連絡をとって、「パレードで一緒にバイクを走らせてほしい」と頼むのである。報酬は出ないけれど、パレードは彼らにとっても自慢のバイクを見せる機会だったので、断られることはまずなかった。

他にも学校での広告チラシの配布、新聞社やテレビ局での打ち合わせ、実際に公演が始まった際の観客の整理などなど、芸以外の全てを引き受けているのが「営業」だった。

「先乗りは借家や貸事務所を借りて住み、そうした地元回りの仕事をひと月ほどで終わらせるんだね。あと、当時はたいていの土地にテキヤや興行を仕切っている親分衆がいたものでさ。だから、強面の彼らの事務所に行って、挨拶をしておくのも欠かせなかった。何しろ日本のサーカスは蛙を接着剤でくっつけて、『世にも不思議な双子蛙！』なんてやっていた見世物小屋の延長にあったものだから、そうした人たちとの関係もまだまだ残っていたんだ」

かつて掛け小屋時代のサーカスは、丸太などの材料を借りる歩方に場所代を支払っていた。だが、千人単位で客を動員する大テントの導入によって、ひと月、ふた月と同じ場所で舞台を見せる独立した興行となっていった。サーカスは祭りの世界を離れることによって、一つの企業として経営されるものになった、とも言えるだろう。

「先乗りが役所に行ってあれこれ準備をしていたのは、俺が入った頃のサーカスがそれだけ〝公〟とつながる存在になっていたからだと言えるんだろうね」

サーカスの営業は二つの班に分かれており、一つの班が公演の途中で次の土地へ行き、残りの班が最後まで残って片付けや公演後の手続きを行っていた。それを順番に繰り返して日本全国を回るのが慎作さんの役割だった。

彼はサーカスでの生活を思う存分に楽しんだ。

親友の龍児さんといれば何時間でも話をして笑い合えたし、健兄さんも八木さんも若者たちの面倒見がいい。休みの日には原付バイクに乗って見知らぬ街を探訪することもあったし、海が近ければ海水浴に行ってナンパをした。年末の納会は無礼講の大騒ぎで、「玉三郎一座」と呼ばれる芝居の出し物の練習をする。着物を着て女装した男たちが昔ながらのチャンバラ劇を披露したり、コーラスラインを結成して歌を歌ったり——。おたみさんなどは旅回り時代の持ち芸を見せていたものだった。

慎作さんが「サーカスに助けてもらった」と言うのは、最初から十三万五千円の給料を貰い、アルバイトとして雇われた力三さんと合わせれば月に二十万円近くの収入があったからだ。キグレでは衣食住の全てがタダだから、そのお金は自分たちの「小遣い」として使うことができた。

サーカスでは独身男が貯金をしていると小ばかにされたものだが、自動車の免許を取った彼は毎月の給料を少しずつ貯めて、当時の憧れだったトヨタのソアラを買うことにした。

男たちは舞台を終えると公演地の近くに飲み屋やスナックを探索し、二か月の間にすっかり馴染みの客となる。

「おい吉田、飲みに行くぞ」

「ソアラがあるから行かない！」

「奢ってやるから来い」

「じゃあ、行く」

そんなやり取りを交わしてスナックに行くと、健兄さんやハツオさんといった若手のスター芸人のモテぶりには目を見張るものがあった。彼らは筋骨隆々でたくましいだけではなく、酒が入れば話も面白い。笑いに笑って時間が経つと、彼らは女性たちとともにどこかに消えているのだった。

アルバイトとして雇われた女の子が、そうした芸人に恋をして次の公演地にまでついてくることもあった。思えば、その頃女性芸人の中堅になっていた美〓さんもその口の一人だったが、そのようにサーカスに居ついて芸人や事務の仕事をするようになった者もいれば、失恋していつの間にかいなくなっている者も多かった。

サーカスでは昨日までいた誰かがいなくなっても、それに強くこだわるような人は誰もいなかった。

「サーカスには『ズラ』って言葉があった」

慎作さんは言う。

「サーカスは来る者は拒まず、去る者は追わずだから、やめたくなったらやめればいい。ただ、なかには何も言わずに突然いなくなる人もいてさ。そういうときに『ズラ』と言われていた。『とんずら』のずらだね。本人の意思を尊重するというか、お金を持ち逃げしたり、誰かの大切なものを持って行ったりしたというのではない限り、いなくなる理由は問われない。いきなりある日突然にズラしたということは、何か理由があったんだろう。サーカスでは人がいなくなっても、誰もがそうとらえていたんだよね」

ただ、一方で「サーカスっていうのは『家族』みたいなものだからさ――」とも彼は言った。彼にその思いを抱かせたのは、僕に「サーカスは『家族』というけれど、そうではなかった」と語った美一さんだったという。

それは慎作さんがサーカスに就職してすぐの頃のことだ。

あるとき、彼はパチンコに行くための軍資金がなく、美一さんから幾ばくかの金を借りたことがあった。その日はよく玉の出る台に当たり稼ぎがあったが、「まあ、そのうち返せばいいだろう」という気持ちで、次の給料日になっても美一さんからの借金を返さなかった。

すると、二十代の「姐さん」に当たる美一さんは烈火の如く怒り、

「お金は借りたら返しなさい！」

と、自分のヤサに慎作さんを呼んで強く叱った。

「もちろん怒られるのは当然なんだけれど、そのとき、本当に美一さんが真剣に怒ってくれた

んだよ。『あんた分かっているの。それは社会に通じないことだよ』って」

怒られながら、心から反省する気持ちが自然と胸に湧いてきた。「あいつは金にいい加減な奴だ」と陰口を叩くのではなく、真正面から弟を叱るように諭す美一さんの言葉が心に響いたからだった。

「次にお金をまた貸してほしいんだったら、まずはお金を返しなさい。そうしたらまた貸してあげるけれど、借りたままじゃダメよ！」

大人になってから、誰かにこれほどきちんと叱ってもらったことはなかった、と彼は思った。

「だから、言われた後に本当に俺が悪かったんだな、って反省したんだ。今の世の中って、人のことを真剣に叱るような人はいないでしょ。逆にどんな反撃を喰らうかだって分からないし。でも、あそこは一つの家族だから、きちんと言うべきことは言う。叱るときにはビシッと叱る。一方で陰口を叩くようなことはほとんどなかった」

俺が好きなのはそういう「漠然としたサーカス世界だった」と慎作さんは話した。芸を見て憧れたわけではなく、最初は仲良くなった友達と一緒にいられる場所だった。そのうちにサーカスの持つ「村」や「家族」のような雰囲気に惹かれ、この場所にずっといたいと思うようになった。

だが、彼が実際にキグレサーカスにいたのは、一九八三年からの六年間に過ぎなかった。高校時代の三年間と合わせて十年弱――それが慎作さんとサーカスとのかかわりだった。

そして、彼がサーカスをやめる理由となったのは、入団のきっかけであった龍児さんとの関係がある日を境にもつれてしまったことだった。

「だから、俺はサーカスに入った理由も龍児、サーカスを出ていった理由も龍児だったんだよね……」

その話をするとき、彼は今でも少し陰った表情を浮かべる。

一九八八年のあるとき、慎作さんが「先乗り」でサーカスにいなかった間に、当時、彼の付き合っていた女性と龍児さんが恋仲になってしまったのだという。彼女は九州での公演の際に慎作さんが付き合い始めた人で、彼を追う形でサーカスに入団した。地元を離れて最初の公演地で、まだサーカスの暮らしに慣れていない彼女を、慎作さんはとても心配していた。だから、自分が先乗りで公演地を離れる際に「まだ慣れていないし、孤独になるかもしれないから面倒を見てやって欲しい」と龍児さんに頼んでいた。

ところが、先乗りした土地に本体のサーカスがやってくると、二人が恋仲になっているという噂がすっかりサーカスの中には回っていた。

「おまえら、仲がいいのは分かるけど、彼女を共有するのはどうなんだ」

と、団員の先輩から言われたとき、慎作さんは何かの冗談だと思った。だが、龍児さんと話すと、二人の仲を認めた。そのことは慎作さんにとって、あまりに大きなショックだった。

「龍児は俺にとって友達以上の存在、要するに親友だったんだ。お互いにね。共同生活をしているサーカスでは、人の物や人の女を取るのは最大のタブーだから、それだけに本当につらかった。今もまだつらいくらいだから……」

以来、慎作さんは龍児さんを避けるようになり、二人は一年間にわたって口も利かない状態になってしまった。

だがサーカスは、朝起きてから寝るまでの間、ずっとみんなが一緒にいる場所だ。そんな中で彼は親友と恋人を同時に失ったショックから立ち直れず、苦しい時間をただただ仕事をしながら耐えていくしかなかった。

「このままでは俺はおかしくなる」

と、彼は次第に感じるようになった。この苦しさから逃れるためには、サーカスから離れるしかないという結論に達するのに、そう長い時間はかからなかった。

「もう自分はやめる人間だから、これでいいんだ」

そう自分に言い聞かせながら、彼はサーカスでの最後の数か月間を過ごした。あの出来事から一年ほど経ったとき、彼は金沢公演で知人から「長距離トラックの仕事がある」という話を耳にした。

そして、東京ドームの隣にあった後楽園球場跡地で行われた一九八九年の正月公演の後、力三さんとともにサーカスを離れて金沢で暮らすことに決めた。

当時の後楽園での公演は、昭和天皇の崩御によって千秋楽を待たずに最終日を迎えた。この公演ではキグレサーカスとしては異例の「電車通勤」が行われた。次の大宮公演の敷地にテント村を作り、芸人やスタッフたちは朝から定期券を持って電車で大テントへ向かう形をとった。

最後の数日間、慎作さんは「最後は舞台でサーカスを降りたらいい」という団長の計らいで、後見として芸人たちを支えた。

「あれは団長の意志でもあったと思うし、サーカスの意志でもあるように感じた」

と、彼は言う。

「俺と親父はサーカスに助けてもらったから、最後に後見をやらせてもらえたのは本当に嬉しかった」

彼の胸に焼き付いているのは、最終日のフィナーレのときのことだ。

フィナーレの曲が流れるなか、芸人たちが丸盆の真ん中の方へ列をなして歩き、笑顔を振りまきながら手を振って観客と別れを告げる。丸盆の先で上手と下手に分かれ、手を振って緞帳に消えていく彼らの姿を、慎作さんは下手の丸盆の下から見つめていた。

緞帳に向かって歩いていく龍児さんと目が合ったのは、まさにそのときだった。龍児さんは慎作さんと目が合うと、一人だけ丸盆を降り、自分の方へと近づいてきた。彼も思わず丸盆へ近づき、二人は抱き合った。まるで自分の意思とは無関係に体が勝手に動いたように感じた。それはこの一年間、一度も口を利いていなかった龍児さんとの別れの抱擁だった。彼は胸がいっぱいになって涙が自然とこぼれた。

「これが最後なんだ……」

そう思うと、龍児さんとの間にあったわだかまりが、一瞬だけ溶けたように感じた。それから龍児さんは丸盆に戻り、舞台から芸人たちの姿が消えた。暗転していた観客席にぼんやりと電気が点けられ、「これをもちまして、東京公演は終了いたします」というアナウンスが流れる。彼は茫然とした気持ちでそのアナウンスを聞いていた。

「女の気持ちが離れていったのは俺が悪い。女の気持ちを俺がもっとつかんでおけば、ああいうことは起きなかったわけだから。ただ、なんでそれがお前なんだ、ってずっと思っていたんだよね。龍児とは男女よりも強い関係を感じていたし、今も親友であることには変わらないわけだから」

僕は慎作さんからこの話を聞いた後、しばらくして龍児さんと長崎で会った。

彼は古いアルバムをめくりながら、サーカスでの生活を語ってくれた。アルバムの写真の多くには慎作さんの姿があった。そのことを指摘すると、「そうだね。ここにも、ここにもいるなあ」と龍児さんは言った。まだ二十代前半の二人は、笑ったりおどけたり、カメラに向かってポーズを付けたりして、時間が止まったように写真に収まっていた。

二人のサーカスでの経緯を知っていると僕は龍児さんに伝え、

「本当に二人は親友だったんですね」

と、言った。

すると、彼は少し迷うように沈黙してから、

「……いや、今だって友達だよ」

そうぽつりと答えたのだった。

7

さて、最後に健兄さん、八木さん、そして、慎作さんたちの「その後」についても書いておきたい。

慎作さんと同じ一九八九年の後楽園公演を最後にサーカスを降りた健兄さんは、妻の実家のある埼玉県のある街に家族三人で暮らし始めた。サーカスを辞めたのは「娘のためだった」と振り返る。

百六十回もの転校を繰り返した健兄さんは、自分の娘には同じような体験をさせたくないと思い、子供が生まれたときに妻と相談して辞めるタイミングを考えてきた。

「『学校大変だけどどうする』って聞いたとき、妻の意見は『ちゃんとしたところに行かせたい』ということだった。だから、『分かった』と言ったんだ」

ただ、空中ブランコの中台を務める健兄さんが抜けるのは、キグレサーカスにとって大きな

痛手となる。母親であるおたみさんには、「先に辞めろ」と伝えた。彼女は故郷の鶴岡市に美々姐さんやマーボー兄さんと一緒に帰り、健兄さんはその後の一年間で二十代の芸人たちを育てていった。当時、三十代になっていた彼は、「年を取って腹が出ている奴より、若い奴の方が見栄えだっていいしさ」と言う。

埼玉県の生活では塗装業の仕事に就いたが、しばらくして辞めてとび職を一年ほど続けた。だが、高所での仕事は芸人時代の膝の古傷が痛んで続けられず、その後は二種免許を取ってタクシーの運転手になった。子供のために辞めたサーカスだったが妻とは離婚し、最終的にはタクシー会社で出会った人の紹介で、再び焼き付け塗装の会社に就職したという。

「サーカスを辞めるときは『これから別の仕事かあ』とただ思っていただけだったかな。ゼロからの生活だったけど、俺はあまり悩むタイプじゃないし、新しい生活にはどんどん溶け込む方だから。今の塗装の仕事は、かれこれもう二十年やっていることになるんだな。サーカスは懐かしくて、近くに来たら見に行ったりもしたものだよ」

リーダーこと八木さんがキグレサーカスを去ったのは、健兄さんたちが辞める三年ほど前のことだった。二十七歳の時にトランポリンチームとしてサーカスと契約してから、十年が経とうとしていた三十六歳の時だ。

その後、八木さんはフリーランスの芸人として、トランポリンの興行を行うチームなどに加わって日本全国を回り続けた。そんななか、一九九六年に設立されたポップサーカスに誘われ、スタッフとして働くことになった。ポップサーカスは海外の芸人と契約を結んで舞台を構成するエンターテインメント集団という雰囲気を持っていた。新型コロナウイルスの影響はシルク・ドゥ・ソレイユの経営破綻など、世界中のサーカスに大きな打撃を与えたが、現在も興行を続ける数少ない日本のサーカス団の一つだ。

八木さんはこのサーカスに二〇一九年まで所属し、現在は都内の自治体の契約運転手として働いている。

「俺がポップサーカスを離れたのは、もう自分もいい歳だと感じたから。潔く下がった方が若い人が育っていくんじゃないかなって思ったからね。結局、一時期は違う仕事もしていたけれど、四十年ほどを日本を興行で回る生活をしていたことになる。家族はずっと東京にいて単身赴任だったけれど、稼ぐためには自分はそうするしかなかったからさ」

キグレサーカスのトランポリンで、二段捻りを見せて観客を沸かせていた八木さんも七十歳を超えたいま、そうしみじみと言うのだった。

そして、健兄さんと同時にサーカスを降りた慎作さんは、バブル期の約三年間を金沢でトラックの運転手として働いた。

「二十代の若造がサーカスを降りて、親父も食わせなきゃならない。とにかくお金が必要だったんだ。そうなると、トラック運転手くらいしか収入のある仕事がなかった、ということかな」

彼が契約したのは日野自動車のトラックの車両を運ぶ会社で、東京の工場から全国の顧客に届けるのが主な業務だった。月の売上は八十万円近くあり、経費を除いて四十万円ほどの月収になった。

「トラックの運転手は行って戻ってくることを『航海』と呼ぶ。その一航海には二、三日かかるから、いつも家に帰ると親父が青い顔をして待っていた。事故でも起こしてないだろうか、って心配していたんだろうね」

だが、バブルが崩壊してしばらくすると、トラックの運転手の稼ぎは一気に少なくなった。そんなとき知人の伝手で紹介されたのが、電気工事を行う金沢市内の企業だった。全くの門外漢の業種だったが、社長に事情を説明すると意気に感じたのか、月三十万円で雇ってもらえたという。

結婚もして彼には二人の娘がいるけれど、紆余曲折の末に離婚も経験した。「でも、親父に孫の顔を見せてあげられたのは、サーカスに行った時と同じように、もう一つの親孝行だと思っている」と慎作さんは話した。

以後、彼はしばらくして独立し、自営業者として電気工事を請け負うようになった。現在も様々な「現場」で朝早くから忙しい日々を送っている。

金沢でそのように暮らすようになってすでに三十年になる彼は、「それでも」と言った。

「俺は高校の三年間と卒業後、ぜんぶ合わせても十年弱しかサーカスにはいなかったんだよね。五十六年間生きてきて、たったのそれだけ。でも、今から自分の人生を振り返ると、やっぱりあの時間がいちばん鮮明に記憶に残っているんだ」

十代後半から二十代にかけての、人生の最も濃い時期にいた場所だから、ということもあるかもしれない。でも、慎作さんは「それだけではないんだ」と言いたそうに、こう続けた。

「そう感じるのはあの場所がその後の『日常』とは違ったからだと思う。特にあの時代のサーカスはそうだった。れんれんにとっても、きっとそうなんじゃないかな。サーカスにいた時間は長くても短くても、それは一生ものの記憶になるんだ。別世界にいたという決して忘れられない記憶にね」

ひとかけらの記憶の断片からⅣ

母が僕を連れてサーカスを出たのは一九八四年の夏のことだった。サーカス流に言えば「八四年の松山」のときだ。

母がサーカスを一年ほどでやめたのは、僕の小学校への入学が近づいてきたからだ、と長く思っていた。でも、後に聞いたところ、理由はそれだけではなかったらしい。彼女は炊事場でともに働く健兄さんの母・おたみさんに、「あなたは早く帰りなさい」と何度も言われていたそうなのだ。

例えば、それは名古屋の白川公園での公演のときだ。製鉄会社の関連会社の役員をしていた祖父が、娘がサーカス団で働いているという話をどこかで耳にして、キグレサーカスをふらりと訪ねてきたことがあった。

大正生まれの祖父は母に無断で僕をサーカスから連れ出し、名古屋のデパートでおもちゃをたくさん買ってくれた。

「あのときは、お父さんが連を連れて行ってしまったんだと思った。あなたのおじいちゃんにとって、娘がサーカスで働いているなんて『とんでもないこと』だったと思うから。せめて孫だけは——と考えたのかもしれない、って」

と、母は言う。

なぜ黙って僕をサーカスの外に連れ出したのか。祖父の亡くなった今では知る由もないけれど、結局、祖父は夕方になってテント村に戻ってきた。そして、僕を母親のもとに返して、「シャバ」の世界へと戻っていった。

その一部始終を見ていたのがおたみさんだった。彼女はその日、炊事場で母に「あんたのお父さんが来てたね」と話しかけてきたという。

「あんな立派な親がいるのに、なにもサーカスにいなくてもいい。あんたはいつまでもいてはだめだよ」

おたみさんの本名は兵藤絹子という。なぜ彼女が「おたみ」と呼ばれていたかは分からない。息子の健兄さんも、「俺が物心ついたときには、『たみ、たみ』とみんなが言っていたからなあ」と由来は知らなかった。キグレサーカスに来る前、旅回りの人形芝居をしていた彼女は、芝居小屋でそう呼ばれていたのかもしれない。

おたみさんは「来る者は拒まず、去る者は追わず」のサーカスの中で、唯一、「帰りなさい」と何度も母に言った人だった。彼女は祖父が来た日も、さらに諭すようにこう続けたそうだ。

「サーカスにいる人たちは、シャバに戻るとみんなおかしくなる。だから、あなたは早く帰りなさい。一年が限度だよ。そうじゃないと、帰れなくなってしまう。わたしは一生、サーカスの鍋磨きとして生きることになってしまった。もう帰れなくなってしまったんだよ」

僕が小学校に入学する少し前、母はおたみさんのこの言葉に背中を押されるようにして、サーカスを出ることになったというのだった。

サーカスを出た後、母はそこで貯めた五十万円ほどを持ち、僕を連れて神奈川県藤沢市の祖父の家に行った。祖父は仕事の関係で祖母と北九州市にいたので、僕は母と二人で藤沢の家に暮らすことになった。祖父は一度だけサーカスに来て以来、その話は一切しなかった。おたみさんの言った通り、たとえわずか一年間程度の滞在だったとはいえ、サーカスを出た母は最初、何もない部屋に寝ころんだまま、不安のあまり「どうしたらいいか分からない」と途方に暮れたという。

前述のように、母がキグレサーカスで働くことになったのは、本橋成一さんの写真集を手に取ったのがきっかけだった。

その経緯に本橋さんは少し責任も感じていたのだろう。母がサーカスから出たことを知ると、彼は自らが写真を撮っている女性誌の仕事を紹介してくれた。以来、母は雑誌ライターの仕事を得て、賑やかだったサーカスでの生活を離れた喪失感も、忙しい日々に追われるうち徐々に消えていったとのことだった。

僕が藤沢市の小学校に通い始めた頃、母は仕事で夜まで東京にいることが多かった。僕は学童保育に夕方までいて、それからは学校の近くの「松本さん」の家で過ごした。松本さん夫婦は親の帰りの遅い子供を預かるボランティアをしており、僕は彼らの家で母が迎えに来るのを待ち、夜になって自転車の後ろに乗せてもらって帰った。

そのような日々が終わったのは、それから二年後のことだった。定年を迎えた祖父と祖母が藤沢の家に戻ってきたからだった。

今でも覚えているのは、夜、祖父と布団を並べて寝る時のことだ。

僕は寝息を立てている祖父の隣で、いつもコツコツというハイヒールの音が外から聞こえるのを待っていた。何度かその音が通り過ぎると、あるとき家の前で靴音が止まり、鍵の開けられる音が聞こえる。その音を聞いて母が帰ってきたことを確認して、目をつぶって眠りについた。

この頃、僕には自分がサーカスにいた証のように、大事にしていたものがあった。それは名古屋市の白川公園での公演の際、ある人からもらった日光東照宮のキーホルダーだった。

それをある男の人からもらったときのことは、奇妙な思い出として胸の奥に残っている。

白川公園にはホームレスが多かった。サーカスの人たちからは「遊んではいけない」ときつく言われていたけれど、僕はときどきテント村の側幕を飛び出して、彼らの近くまで行くことがあった。

「サーカスの子」が彼らにも物珍しかったのだろう、そのうち僕は「ホームレスのおじさんたち」と話すようになり、ときには追いかけっこをして遊んでもらうようになった（ドラム缶の焚火で焼いたハンバーグをもらって食べたと伝えたときは、ずいぶんと母に叱られたけれど)。

そんななかで、僕にはずっと気になっていることがあった。公園に暮していたホームレスの人の中に、一人だけ誰とも交流をもたず、いつもベンチに横たわっているおじさんがいたことだ。その人の恰好は異様なもので、体中に新聞やビニールを巻き付けていた。サーカスの子供たちは「ビニールおじさん」と彼を呼び、決して近づこうとしなかった。

ある日、僕はビニールおじさんに恐る恐る「どうしていつもおじさんは一人で寝ているの?」と話しかけた。

おじさんには家がないのだろうか、外にいて寒くはないのだろうか、誰とも話さず一人でいて寂しくないのだろうか……。ビニールおじさんは最初は面倒そうに黙っていたけれど、しつこく質問を重ねる僕に何かしらの興味も抱いたのかもしれない。

「動くのは面倒くさいからなあ」

と言って、彼はのっそりとベンチから起き上がり、以来、僕と少しだけ話をしてくれるようになった。

彼と他にどんな話をしたのか、今ではもうほとんど覚えていない。でも、雪の降った白川公園での二か月の公演のあいだ、僕はときどき彼のもとを訪ね続けた。そんなある日、彼が思いついたように荷物から取り出し、僕に渡したものがあった。それが古びた日光東照宮のキーホルダーだった。

サーカスが次の公演地に行く場越しの日のことだ。

「ビニールおじさんにサヨナラを言わなきゃ」

僕はそう母に伝え、彼がいつもいるベンチに走った。母は何かを言いたそうに困った表情を浮かべたけれど、何も言わなかった。冬の白川公園は雪が降る寒さで、葉の落ちた木々を揺らす風が冷たかった。

「サーカスはいなくなっちゃうんだ」

おじさんにそう伝えると、そのことについて特に彼には感想はなさそうに見えた。様子を見に来た母が、遠くからお辞儀をした。すると、彼もゆっくりとした動きで頭を下げた。

どうしてビニールおじさんは、唐突に現れて唐突に消えていこうとする僕にキーホルダーをくれたのだろう、と今でもふと思うことがある。

一日のほとんどをベンチに横たわって寝ている彼にとって、サーカスの子供との一時の交わりが何らかの意味を持ったのだろうか。

以来、僕はそのキーホルダーを持ち続け、サーカスから去った後も藤沢の家の机の引き出しにしまっていた。くすんだ黄金色をしたそれをときどき取り出して眺めていると、あのサーカスでの濃密だった時間が自分の中に確かに存在しているんだ、という気持ちになった。

それでも小学校に入って二年が経ち、三年が経ち、サーカスでの記憶が新しい日常によって塗り消されていく中で、僕は大切にしていたキーホルダーのことをいつしか忘れていった。

あのキーホルダーはどこにいってしまったのだろう。

今ではビニールおじさんとの小さな出会いも、小さなキーホルダーのことも、全てが夢であったような気さえする。

第四章　二人の道化師

1

一九九〇年のある時期のことだ。

パリのノートルダム寺院の裏手からサンルイ島に渡る橋の一角で、一人の日本人女性が踊りとも演劇とも言えそうな、ゆったりとした動きを披露していた。

黒いスカートに白いブラウスを着た彼女は、路上に置いたラジカセから流れる韓国の伝統音楽の旋律に合わせて、東洋的な所作を交えた動きを見せていく。

モチーフになっているのは日本の古典の中にある「肉付きの面」に想を得た物語だった。

――あるところに、旅に出た夫の帰りを待ちわびる妻がいた。だが、夫は若い愛人を連れて帰って来ると、愛人を近くに住まわせ、そちらの方ばかりにいるようになる。怒りにかられた妻が旅回りの者から手に入れた鬼の面を付けて二人のもとを訪ねると、愛人は驚きのあまり死んでしまう。恐怖に駆られて逃げ出した夫を見送った後、妻は面を取ろうとしたが、すでにそれは顔から外れなくなってしまっていた……。

彼女は徐々に鬼になっていく女の嫉妬心や恨みの感情を、前衛的な動きで表現していた。それは舞踏というよりは、台詞のない演劇をイメージしたものだった。

路上での十分ほどのパフォーマンスを終えると、周囲を取り囲んでいた観客が思い思いに投げ銭を置いていく。そうして集まった一フランやサンチームのコインは、彼女の夕食代と酒代になった。

女性の名前を宇根元由紀《うねもとゆき》さんという。

彼女はこの数年前までキグレサーカスでピエロをしていたが、一九八三年、千葉県の木更津で行われた公演を最後に、四年にわたるサーカスでの生活を降りた。

当時二十八歳だった由紀さんには、「自分だけの芸を生み出したい」という思いがあった。そんななか、知人の伝手を頼り、入学したのがフランスのパリにあるジャック・ルコック国際演劇学校だった。彼女はそこで演技を三年にわたって学び、やがてパリの路上でパフォーマンスをするようになったのだった。

ジャック・ルコックはフランスの舞台俳優で、自身の作った演劇学校でのパントマイムを重視した身体表現のレッスンに定評があった。その演劇学校での三年間は、彼女にとって実に刺激的な経験だった。

例えば、日本では道化師のことを「ピエロ」と呼ぶ。ただ、これは本来、パントマイムのあるキャラクターの名前で、この単に「ピエロ」と呼ばれていた道化には、「ブッフォン」と「クラウン」という明確な区別があることを、彼女はフランスで深く学んだ。

あるとき「ブッフォン」の授業に、「扮装をして何かを演じて見せよ」というものがあった。その際、彼女は半透明の養生シートとゴムひもを体に巻き付けて懐中電灯を仕込み、顔を包帯でくるんだ姿でオリジナルの演技をした。すると、彼女の演技を見たジャック・ルコックは、

「それはブッフォンではない。ダンスだ」

と、言った。

次の授業のとき、今度は同じ衣装にクッションをさらに仕込み、同じアパートに暮らしていたボーイフレンドから借りた昆虫採集用の注射器を手に持った。

それから足の方まで包帯を巻き、

「頭が痛い時には、ケーオー病院の鈴木先生の注射がよく効く」

「足が痛い時には——」

と、日本語で喋りながら、頭をぼかん、ぼかんと叩くというおどけた演技をした。

それを見ていたルコックは言った。

「うん。これはブッフォンだ」

こうした授業を受けながら、由紀さんは悩んだ。「ブッフォン」と「クラウン」は何が異なるのか。日本語の辞書を引くと同じ「道化師」とある。

そこで、あるとき彼女はルコックに「クラウンとブッフォンはどう違うんですか？」と単刀直入に聞いた。

「クラウンとブッフォンは全く違うものだ」

と、彼は言った。

「歴史も違えば性格も違う。ブッフォンは王様付きの道化師を指す。だが、現代の社会に王様はいないし、現代劇にも出てこない。よって、いま君たちが勉強しているのは、演劇の中での『ブッフォン的な演技』だ。この世の中には王様はいないが、王様のようなものはある。それは君たちがまともだと思っている社会だったり、とらわれている常識だったりする」

つまり——と彼は強調した。

「ブッフォンの核にあるものは批評的な精神だ。一方、クラウンは人間だ。クラウンの核となっているのは人間性、それもセンチメンタルで劣った人間性だ。だから、クラウンは失敗によって客を笑わせるが、観客がクラウンを笑うときのベクトルは『上から下』、自分より劣ったものを見て笑うんだ。しかしブッフォンが笑うときは、観客の方を笑っている」

よってブッフォンの笑いにはテーマがなければならない——。

講義を聞きながら、由紀さんは「ケーオー病院がオッケーだったのは、医療というものを茶化していたからなのかな」と思った。

以来、彼女は「ブッフォン」の演技のコツをつかみ、卒業時には校長から「君はブッフォンに巡り合うためにここに来たようなものだ」と高い評価を受けた。

「芸人としてのブッフォンになる必要はないが、演じるときにこの学校で学んだことは役に立つはずだ」

演劇学校を卒業した彼女は、そこで出会った仲間や友人の誘いを受け、エジンバラでの演劇祭などでも演技を披露した。さらに拠点としたパリでベビーシッターや家政婦のアルバイトをしながら、路上でパフォーマンスをするようになったのだった。

2

「――結局、私がキグレサーカスにいたのは四年間、そのあとしばらくしてパリに行って勉強をして、日本に戻ってきたときはもう四十歳になっていたのね」

東京の多摩ニュータウンにある団地に暮らす彼女は言った。

すでに話を聞き始めてから何時間が過ぎただろうか。二〇二一年の夏の終わり、残暑の厳しい日だった。昼間はけたたましく鳴いていたセミの声も少なくなり、窓の外はすっかり暗くなっていた。

黒いワンピースを着た由紀さんは、軽やかな身のこなしのすらりとした女性で、かつてパリの路上で演技をしていた時はどんなふうだったのだろう、と僕は思った。

「ご飯を食べていくでしょう？」

話が一段落すると、彼女は昼間に拵えてくれたクスクスの皿を出してくれた。

「メルゲスというソーセージの代わりにチョリソーを使ったの。なんちゃってだけれど、お口に合うかな」

スープをクスクスにかけて食べると、ピリッとした辛味が口の中に広がった。食事をしながら、彼女は「クスクスを私が好きになったのも、パリの路上で踊って稼いでいる頃だったのよね」と言った。

サンルイ島に渡る橋で即興のパフォーマンスを披露していたある日、彼女は弾き語りをしている中年の芸人と知り合った。男はところどころ破れたビロードの上着姿で、髪の毛が「ぐちゃぐちゃ」だった。少しワインでも飲んだのか、顔を赤くしている彼は由紀さんの演技を熱心に見つめていた。

彼女はそのうちに彼の身の上話を聞くようになり、夕方になると一緒に路上で稼ぐようになった。

「アラブ人のやっているクスクス屋を紹介してくれたのはその彼で、深夜に稼いだ小銭をテーブルに積み上げて数えてね。お腹がすいていない日、『今日はスープだけ』というと、店主のおじさんは私の稼ぎが少なかったと思ったのね。いつも山盛りのパンを食べきれないくらいどっさり付けてくれて……。懐かしくてときどき食べたくなるんですよ」

なぜ彼女は三十年近く前、日本から遠く離れたヨーロッパの路上にいたのか。

その理由を辿っていくと、キグレサーカスとの出会いと、そこでの四年間が浮かび上がってくる。

現在、介護関係の仕事をしている由紀さんは三十八年前、ほんの数か月という短い時間だったけれど、僕とともにキグレサーカスにいた。

彼女は「パクちゃん」と呼ばれるピエロとして舞台に立ち、普段は独身女性の暮らす「乙女」の住人だった。

「パク」という名前はシェイクスピアの『真夏の世の夢』の登場人物「パック」にちなんでつけたものだ。いたずらが大好きな妖精であるパックは、劇の中で様々な失敗や勘違いをする楽しいキャラクターだった。だが、その名前は舞踏家のヨネヤマママコがＮＨＫで「不思議なパック」として使っていたので、由紀さんは「パコ」という名前を付けた。それをサーカスの舞台の司会から「パコは言い難いからパクにして」と変えられてしまったという。

由紀さんに会ったとき——他のサーカスの人々もそうだったように——「連くんのことは覚えているよ」と彼女はまず挨拶のように言った。

小さな子供を連れた女性がサーカスに来る——と聞いて、由紀さんは少しだけ興味を抱いた。「あの団員に憧れて」「サーカスの芸人になりたくて」と外からサーカスに来る人は多かった。だが、母子家庭の母親が住み込みで働きにやってくるというケースは珍しかったからだ。当時、「乙女」の同室には二十代前半の双子の女性芸人がいた。二人はこう言っていたのよ、と由紀さんは笑った。

「大丈夫なのかしら。いままでご近所の人と『おほほほ』って街でお茶を飲んでいたような世間知らずの人が、あのおばちゃんたちと仕事するなんて無理よ」

彼女は内心、高校を出てすぐに芸人になった二人の方が、よほど世間知らずなのではないかと思ったが、口には出さずに黙っていた。

僕が母と一緒にサーカスに来た日のことを、由紀さんはよく覚えていた。

東京から来たというおかっぱ頭の少年は、みんなの前で挨拶をするよう促されて、

「ぼくの名前はれんれんれんと言います」

と、言った。

すると、それを見ていた亀田さんの息子のこうすけがこう声を上げたという。

「れんれんなんて変な名前！」

場が少し静まり返り、「こら！　そんなこと言うんじゃありません！」と美一さんが怒鳴った。由紀さんは「泣いちゃうかな？」と思ったが、僕はこうすけにこう返したそうだ。

「ちっとも変じゃないよ。君の名前は何て言うの？」

こうすけは意表をつかれたらしく、デレッとして、

「こうすけだよ」

と、言った。

そんなやり取りを見ながら、「何だか都会的な子が来たなあ」と由紀さんは思った。

サーカスに来た僕は最初こそ泣いてばかりいたけれど、すぐに同年代の友達とテント村を駆け回って遊ぶようになった。おかっぱだった髪の毛も美一さんに丸刈りにされ、気づけばすっかり「サーカスの子」になっていた。

「いたずらをすれば叱ってくれる人たちもいるし、こういうところで育ったら楽しいだろうなあ、って思いながら私は見ていたものよ」

由紀さんは「サーカスの芸人」としては、異色の経歴の持ち主だった。

彼女は一九七九年にサーカスに入団する前、東京芸術大学で日本画を専攻していた。「芸大出のピエロ」というのは前代未聞で、当時はラジオや雑誌の取材を受けることも多かったという。サーカスを降りた後には、その体験を記した『サーカス放浪記』という本を書いている。失われたキグレサーカスの世界を記録した貴重な作品だ。

由紀さんは、なぜ巡り巡ってサーカスの道化師の仕事に就いたのだろうか。

「子供の頃から絵が好きだったんです。いや、母が絵を見たり描いたりするのが好きで、いつも展覧会とかに連れて行ってもらっていた。だから、『好き』と思わせられていたのかもしれ

ないけれど」

彼女は一九五四年、神奈川県川崎市に生まれた。

実家はすぐ近くに町工場の連なる工業地帯だったが、当時はまだ周囲は長閑《のどか》さを残していた。川沿いの土手の上を、ときどき川崎競馬場の競走馬を騎手が散歩させていた。その様子を好んで見に行っては馬をデッサンしていた彼女は、中学生になる頃にはすっかり絵ばかり描いている少女になっていた。

高校は女子美術大学の付属校に通った。日本画に興味を抱いたのは、学校の部活で古典芸能部に入り、国立博物館などで日本画を強い関心を持って見るようになったからだ。

「私は古風な日本画が好みだったんだけれど……。私が芸大に入った頃の日本画家と言えば、三島由紀夫の義父の杉山寧《やすし》さんや東山魁夷《かいい》さんのように、粗い絵の具を積み上げて使う、洋風なデザイン感覚の画調がメインになっていました。私が習ったのはその先生たちで、一年生の時は平山郁夫さんが担当教員でした」

サーカスは「子供の頃から母も私も好きで、ボリショイサーカスなどの外国のサーカスをよく見ていました」と彼女は言う。

キグレサーカスを初めて見たのは大学に入って一年後、十九歳の時だ。同級生に誘われて、川崎の富士見公園での興行を見に行った。当時のキグレサーカスはまだ掛け小屋の時代で、美々姐さんの母親・てるさんが団長代理をしていたことになる。

「あの頃から私は『道化的なもの』に惹かれるところがあったのだと思います」

と、由紀さんは話す。

大学に入る前、街の映画館でフェリーニの「道化師」を見た。なかでも丸盆の舞台で女装のメイクをした道化師が宙づりになって周囲を見ているシーンが、「アリ、アレ、アリ……」という歌とともにずっと強く印象に残っていた。「ああ、こういう世界に行きたいなあ」とそのとき彼女は思い、どこかで「サーカス」という世界への憧れを持ち続けていた。

東京芸術大学の学生だったとき、彼女にはこれといって思い描いていた将来はなかった。だが、専攻する「日本画」については、入学後にちょっとした挫折のような気持ちを抱く出来事があった。

それは同じ寮に暮らす一人の女子学生の絵を見たときのことだ。

その女子学生は授業にはほとんど出席しておらず、寮のアトリエに大きなパネルを置いてバリケードを作り、一人の世界にこもるようにして創作をしていた。由紀さんは彼女の絵を見て大きな衝撃を受けた。

例えば、その女性は一度、こんな絵を描いて芸術祭（芸大の学園祭）に出展したことがあった。横長のキャンバスに等間隔で並ぶ石を描いた作品だった。雁皮紙《がんぴし》を皺にしたものが貼り付けられ、画面に凹凸を作って色が塗られていた。絵具には岩石を砕いた泥のような素材が使われており、遠くから見ると箔が貼ってあるようにも見え、近づくと竹を割ったような粗いタッチであるにもかかわらず、また離れると今度は異様なほど写実的だった。

彼女の描く静物画や人物画には驚くほどの存在感があった。「百年に一度、芸大に出るかどうかの天才なんじゃないだろうか」と由紀さんは思った。

ところが、人前に出てこない彼女は講評会への出席もしていなかったため、教官は彼女を結果的に留年させたという。その様子を見て「芸大に幻滅した」と由紀さんは振り返る。

「それが芸大に見切りをつけた決定的な瞬間でした。この学校はアートの学校ではないのだろうか、他の科目ならともかく、表現芸術というのはこういう人こそを伸ばさないといけないんじゃないか、って。すごくがっかりして、こんな学校は嫌だと思っちゃったんです」

由紀さんは大学こそ卒業したものの、以後は絵の世界からは遠ざかった。その後、あの女子学生が芸術家として絵を描き続けたのかどうか、彼女は全く知らない。

大学を卒業した二十二歳の由紀さんは、その後、東京のある演劇の養成所に通った。

「実は私は幼い頃から吃音に悩まされていて、先生から指されるといつも声が詰まって出てこなくなるくらいだったんです。大学の寮に入ってからは少し良くなったけれど、子供の頃はそれでいじめられた時期もあったの。それなのに演劇を学ぼうとしたのは、そんな自分を変えたいと思ったからかもしれませんね」

彼女が十九歳の時に掛け小屋で見たキグレサーカスと再会したのは一九七八年、演劇の養成所で学び始めて二か月程が経った頃のことだった。横浜の劇場で役者をしていた知人から、

「今度、後楽園でキグレサーカスの公演があって、アルバイトを募集しているらしいよ」と声をかけられたのだった。

ちょうどその頃、彼女は神話時代からの「道化」の意味を考察した山口昌男の『道化の民俗学』を読んだばかりだった。前日にはたまたまテレビで海外のサーカス一家のドキュメンタリーも見ており、キグレサーカスでのアルバイトの話には何か運命の「流れ」のようなものを感じた。

「はい、やります」

気づけば特に深く考えることもなく、そう返事をしていた。

そうして後楽園公演で働くことになった偶然が、彼女とキグレサーカスとを結びつけたのだった。

3

さて、由紀さんがそのようにキグレサーカスに出会った頃、同じ時期にサーカスに入団したもう一人の道化師がいる。
亀田雪人《ゆきと》さん――「亀ちゃん」と呼ばれた長身の彼は、「スター」という背の高い一輪車を乗りこなし、カンスーでも活躍した芸人だった。彼は七十歳を超えた今も現役の役者・パントマイマーで、劇団「鳥獣戯画」などで精力的に仕事を続けている。亀田さんは由紀さんがフランスの演劇学校に行く前に、遊園地などの仕事で「パカメク」というコンビを組んでいたこともあった。

僕は由紀さんと再会してからしばらくして、東京の郊外に暮らす彼のもとを訪ねた。由紀さんと同時期に舞台に立っていた彼は、なぜそのときサーカスにいたのだろう。何より彼の息子のこうすけは僕と同い年で、テント村の中を一緒に走り回った友達だった。その父親である彼の見たキグレサーカスと半生を僕は聞いてみたかった。

「連君たちがサーカスに来たのは、俺たちが働き始めて三年目くらいだったかな。サーカスには四年間いたから、最後の一年だけ一緒だったんだね」

と、亀田さんは言った。

「連君はね、よく泣いてた。それに周りの全てが物珍しかったんだろうね。『どうして、どうして』っていつも質問をしてくるから、その度に説明してあげていたのを覚えているよ。でも、当然だよね。街での生活とは環境が違い過ぎるから。うちのこうすけも最初はずっと泣きっぱなしだったんだよ。でも、子供は慣れるのも早いから、しばらくするとすっかりサーカスの子供になってさ。丸い舞台があるでしょ。公演中はその周りにサーカスの子供がずらっと並んで、『おかあさーん』とか呼ぶんだよ。八紘さんに怒られてさ。『観てもいいけど、お母さんお母さん言うな！』ってさ。ははは」

亀田さんがキグレサーカスに入ったのは一九八〇年のことだった。前年、パントマイムの芸を得意としていた彼は、舞台の演出家がピエロを探しているという話を耳にした。演芸中の事故で亡くなった栗原徹を描いた『翔べイカロスの翼』が、映画化に続いてミュージカルにもなるという。その舞台にピエロとして出演しないか、と声をかけられたのである。

聞けば、役は舞台の中で「ピエロの栗ちゃん」の見る夢のシーンに登場するピエロだという。原作となる『翔べイカロスの翼』を読むと、旅をしながら写真を撮り、そのうちにサーカスの芸人となっていく栗原の生き方には鮮烈な印象を受けた。ちょうど無気力な学生たちを指す「シラケ世代」という言葉が流行していた時代、生き生きと日本中を旅してサーカスに入り込んでいく一人の若者の姿が、多くの読者を獲得した理由が何となくわかる気がした。

仕事を探していた彼はすぐさまこの話に飛びついたが、舞台では一輪車に乗る必要があったため、「見習いで三か月ほどサーカスに行って、一輪車に乗れるようになってきて欲しい」と紹介されたのがキグレサーカスだった。

後に「宇宙への旅」のウランちゃん役となる妻の明美さんは、長男のこうすけを産んだばかりだった。亀田さんはリュックサックに荷物を詰め込み、一人でキグレサーカスの公演が始まる徳島へと向かった。亀田さんが三十一歳の時のことだ。

「駅からタクシーに乗って公演地に行くときは、未知の世界に一人で飛び込んでいく心の高鳴りを覚えたものだよ。ただ、少し肩透かしだったのは、現地に着くとほとんどの団員が休暇でハワイ旅行をしていて、作りかけの大天幕の中もがらんとして静まり返っていたことだった」

彼が最初に会ったのはマーボー兄さんの弟で後見長のノブさんで、掃除が終わるとひとまず食事と風呂に連れて行ってくれた。それから舞台の「幕引き」を担当する角さんという髭を生やした団員から、

「今日からここに寝泊まりしてもらうから」

と、案内されたのが、「両国」と呼ばれる独身者用の大部屋だった。部屋には二段ベッドが四台あり、独身の後見の二人が暮らしていた。「乙女」には由紀さんもすでにいたはずだったが、彼女も休みを取ってサーカスを離れていた。公演地からは眉山が見え、桜がいままさに咲こうとしていた。

サーカスの面々が休暇から戻ってきたのは、四、五日が経ってからだった。それから本格的に練習が始まり、公演が始まった。亀田さんは最初、大テントの後ろで照明の仕事を手伝うことになった。そこから舞台を見ていて目を奪われたのは、やはり栗原が落ちて亡くなったカンスーだった。

命綱を付けずに高所の鉄線を渡るカンスーは、見ているだけで緊張感があった。空中ブランコにはあるネットもなく、落ちたら怪我ではすまないことは明らかだった。

ピエロの一人が長いバーを持ち、鉄線を軽妙に進んでいく。栗原が落ちた椅子を使った芸も迫力があり、「これがキグレサーカスの花形の芸なんだ」と彼は感じた。

亀田さんはこのとき、キグレサーカスに入団してこのカンスーを自分がやることになるとは、全く想像してもいなかった。サーカスで三か月程を過ごし、一輪車を覚える。そして、これから舞台で演じる栗ちゃんのいた世界を少しでも感じ、役作りに活かす。それが彼の頭にあった全てだった。

ところが三か月が経ち、ミュージカル「ぼくのピエロ」が初日を迎えようとする頃のことだ。彼は団長から呼ばれてこう提案された。

「いまキグレではピエロが欲しいんだ。ミュージカルが終わったらこっちに来てくれないだろうか？」

亀田さんは一輪車に乗れるようになった後、今度は他の芸にも興味を覚えるようになっていた。

「一年くらいならいいかな……」

彼は思い、団長にそう伝えた。

「いや、一年だと芸を覚えるかどうかでやめることになる。だから、せめて二年くらいはいてくれないか」

ミュージカルには、キグレサーカスからも中学を卒業したばかりの龍児さんなどが参加した。四十日間ほど続いた公演を終えると、亀田さんはまたキグレサーカスに戻り、結果的に四年間にわたって「ピエロの亀ちゃん」として舞台に立つことになる。

「要するに栗ちゃんの舞台に出たことで、俺の人生はそこからばあっと変わっちゃったんだ」
と、彼は言った。

4

一九七七年から三年間にわたって続いた後楽園公演は、キグレサーカスの人気が絶頂の時期に開かれた。球場ではバックネット裏に舞台を設置し、団員たちは雨風を防げるスタンドの通路にテントを張り、連日五千人規模の観客にショーを見せた。

由紀さんがキグレサーカスに来たのは、その三年目の公演のときだ。亀田さんがキグレサーカスに入団する一年ほど前のことである。

普段よりも賑やかなこの特別な公演では、二通りのアルバイトが募集されていた。一つは歩合制のパンフレットの売り子で、もう一つはオープニングとフィナーレに化粧をして出る賑やかしのためのスタッフだった。

後者の日給は一日六千円と低かったが、演劇学校に通っていた由紀さんは舞台に出られることに魅力を感じた。彼女は両方のアルバイトに応募した。

サーカスには川崎の実家から通うことにした。母親には「サーカスの舞台に立つアルバイトをしている」とは言わず、「パンフレットを売っているだけ」と嘘をついた。親世代にはまだサーカスへの偏見があるかもしれず、舞台に立っていることが知られると、渋い顔をされるのではないかと思ったからだ。

由紀さんはサーカスの裏側で営まれる暮らしに興味津々だった。球場の「テント村」はかつて見たフェリーニの映画とは違ったけれど、そこに生きる人々の活力にはすぐに惹きつけられた。『サーカス放浪記』のなかで、彼女はこのときの様子を次のように描いている。そこには当時のスター芸人だった若き健兄さんも出てきて、絶頂期のキグレサーカスの熱気を感じさせる。


「バイトの子ォ、風船足りないよー」

「バイトの子、飯食えってさ」

「遅くなったからお風呂入っていきなよ、バイトの子」

サーカスで私たちは、〝バイトの子〟とひとまとめにして呼ばれた。風船ふくらましの指揮をしていたおばさんは、「バイトの子、せっせせっせと風船ふくらませやー。頑張ればいい婿さん世話してやるほどに、ホレー、頑張れい！」と、はっぱをかけた。サーカスの人たちは皆、明るかった。中でも一番のひょうきん者は、ブランコの中台（真中で、飛んでくる人を受け渡す役目）で、空中アクロバットのスター、タカシ君だった。颯爽と舞台を終えて引っ込んで来ると、「どうだ、俺はスターだぞ。尊敬しろよ。見ろ、この肉体美」と、ボディ・ビルの選手のマネをして、私たちを笑わせた。「ワーイ、タカシ兄ちゃんがえばってる。アゴ出虫がえばってる」と、子供たちが囃しても、「スターは鷹揚でなくちゃね」と気にもとめなかった。

客席でパンフレットを売っている際、ときどき由紀さんは舞台で演じられる芸に見惚れた。彼女が心奪われたのは、高さ七メートルの場所で鉄線を渡るカンスーとアイアン・ホールを回るオートバイだった。とりわけキグレサーカスの「華」の一つであるカンスーは、〈スピーディーな躍動的な芸の多いなかで印象的だった〉。「動」と「静」を織り混ぜた一つのショーの中で、カンスーほど静寂な緊張感に会場が包まれる芸はなかった。

哀愁の漂う音楽の中で、衣装を着た二人の女性が、等間隔でするり、するりと鉄線を渡っていく。

暗転した舞台でスポットライトに浮かび上がる芸人は、まるで白鳥のように優雅だった。下手から渡ってくる芸人の影が、テントの天井に大きく映っていた。

由紀さんは空中を滑るように渡る彼女たちの姿に何か心が揺さぶられるものを感じ、ときにはクロッキー帳を思わず手に取ってスケッチすることもあった。

そして、この頃の記憶を振り返るとき、彼女が忘れられないのは、妻のひろこさんを一本綱の事故で亡くした清水さんのことだ。

彼にはショウジロウという小学校二年生の息子がいた。ある日、同じアルバイトの女性と二人でテント村の「本部」にいると、自分たちを呼ぶ子供の声が聞こえた。

「お姉ちゃん方、お姉ちゃん方……」

振り返ってみればそこにいたのが幼いショウジロウだった。

「なあに？」

そう聞くと彼はあどけない調子で言うのである。

「僕のお母さんはどこにいるか分かる？」

「えー、何やっている人？　カンスー？　それとも一本綱？」

彼は「はずれ」「それもはずれ」と続けてから、「ぼくのお母さんはあそこにいるよ」と仏壇を指さした。

そのとき、由紀さんは初めて目の前の「サーカスの子」の母親が、芸の最中の事故で亡くなったことを知った。

「そうか。事故で亡くなるようなこともあるんだ……」

後に由紀さんはショウジロウの父親の清水さんが、次のように話している場に居合わせたことがある。

〈アイツはしっかりした子よ。母親が死んだと判った時には泣いたけど、葬式の時にはもう涙も見せず、俺よりシャンとしていた〉

まだ事情を知らなかった頃、清水さんは、よく私たちに、「サーカスはいいぞ。お前ら入らないか。若い時には旅が必要」と声を掛け、「親がどう言ったっていいじゃんか。なあ、人間生きているうちにうまい物食って、いい酒飲んで、おもしろいことして……、でなくちゃ損だぞォ。死んでしまったらもうおしまい、パアになっちゃうの。それがマルクスの唯物論よ。判ったか？」と説教した。〝マルクスの唯物論〟はおかしくて、私たちはケラケラ笑った。が、実は、最愛の者を失った男の、痛切な思いがこめられたせりふだったのである。（『サーカス放浪記』）

由紀さんはキグレサーカスでのアルバイト中、子供たちとすぐに仲良くなった。転校を繰り返すのは大変でしょ？　と聞くと、「一つの学校にずっといたら飽きちゃうよ。転校するから楽しいんだよ」と答える子供もいた。

舞台でのショーの魅力もさることながら、由紀さんはその「裏側」で繰り広げられるサーカスの人々の生活にいつしか深く惹きつけられていた。

そんなある日のことだ。彼女は自分でも一輪車に乗ってみたくなった。

当時の後楽園球場での公演は連日満員で、休み時間になるとスタンドの廊下にも人があふれかえっていた。パンフレットを売っている彼女にも握手を求める人がいて、「舞台では何をやっているんですか？」と聞かれることがあった。相手をがっかりさせたくなかった彼女は、

「今は新人なのでパレードで一輪車に乗っています」と答えていた。

そうした自分の言葉に引きずられるように、彼女は一輪車に乗ってみたくてたまらなくなり、芸能部長をしているマーボー兄さんに相談したのだった。

「ほんとにサーカスが好きなんだなあ」

この申し出には思うところもあったのだろう。彼は笑って由紀さんの希望をかなえてくれた。

そうして紹介されたのが、「鉄平さん」と呼ばれる三十代半ばの芸人だった。

彼は以前に交通事故で骨折した経験があり、鼻が少し曲がっていた。いつも飲んでいて酒臭かったが、誰もそのことを咎める団員はいなかった。清水さんと同様に昔ながらのサーカス団の時代を、どこか今も生きているように見える人だった。昔は空中ブランコや綱渡り、ジャグラーなどの多くの芸を持っていたというが、当時は怪我もあって自転車のショーだけに出演していたそうだ。

以来、由紀さんはアルバイトが終わってから、薄暗い照明に照らされた丸盆に行くようになった。すると、そこには一升瓶で酒を飲みながら、自転車や一輪車など様々な舞台装置を修理する鉄平さんの姿があった。

「これまで運動も体操もしたことがなかったけれど、鉄平さんの教え方がとても上手で、後楽園にいるうちに私は一輪車に乗れるようになったの」

と、彼女はそれが昨日のことのように言う。

鉄平さんはとても優しく、「まずは立てるようになりな」と舞台の端で一輪車に乗ったり降りたりする練習から始めた。

最初、舞台の隅で一輪車と悪戦苦闘していても、鉄平さんは素知らぬ顔で修理を続けていた。だが、次第にコツをつかんで数秒ほど自立できるようになると、彼は「そろそろ走る練習をしてみようか」と声をかけてくれた。

「見ていてくれたんだ」

彼女は嬉しくなり、練習にもさらに身が入る思いがした。

〈失敗しても落ち込むなよ。それから周りの奴らがなんか言ってもな、聞き流してろ。俺の言うことさえ信じてれば間違いないよ〉

由紀さんのサーカスでの記憶において鉄平さんが特別な存在になったのは、練習の合間に彼が昔話を聞かせてくれたからでもあった。

一升瓶を片手にぽつり、ぽつりと鉄平さんは自らの数奇な人生について語った。

子供の頃からサーカスにいたという彼は、かつて日本を離れて台湾に暮らしたこともあったと話した。台湾でもサーカス団で働き、そこで見た「カンスー」を日本に持ち込んだのも彼だった。キグレサーカスの代名詞とも言える芸を伝えた功労者であったわけだ。

台湾では将来を約束した恋人もいたけれど、そのサーカス団が解散したとき、彼女が日本に行くことを嫌がったため別れるしかなかったという。

「どうしてそんなに日本へ帰りたかったの？」

由紀さんは聞いた。

「母親を探したかったんだ……」

鉄平さんはしんみりとした口調で言った。幼い頃に別れた母が、旅回りのサーカスにいれば見つかるかもしれない。そんな思いがあったのだ、と。

由紀さんは酒をコップに注ぎながら語る鉄平さんの思い出話に興味が尽きなかった。そこには彼女の知らない古き時代のサーカスの光景があった。

由紀さんがキグレサーカスへの入団を考え始めたのは、「支配人」と呼ばれていた山上氏という初老の幹部に声をかけられたのがきっかけだった。立派な髭を生やした山上氏はあるとき、誰もいない静かな舞台で一輪車の練習をしている彼女を見て言った。

「あんた、サーカスが好きじゃなあ。入らんか？」

こう話しかけられたとき、彼女は十九歳の時に初めてキグレサーカスを見に行った際、座布団を片付けていた中年の女性団員からも、こんなふうに声をかけられたのを思い出した。

「サーカスは楽しいよう。きれいなべべ着て、旅をしてねえ。姉ちゃんも入りぃ」

だから、支配人の言葉も最初は、誰にでも言う冗談だと思った。ただ、よくよく考えてみると、彼女は「キグレサーカスで働く」という思わぬ人生の選択肢に、何か言いようのない魅力を感じている自分に気づいた。

例えば――と彼女は考えた。舞台に緩急をつけて客席を盛り上げる「ピエロ」であれば、自分にもできるかもしれない――。

「ふふふ。ピエロをやらせてもらえるんだったら入る！」

ジーパン姿の男前の「兄さん」を山上氏が連れてきたのは、それから数日後のことだった。

それはまだ三十代の若き団長で、支配人は由紀さんを紹介すると、

「この子が今度、入団することになった」

と、言った。

「そうか。よろしくな」

急な展開に戸惑いもあったけれど、彼女はすでにこのアイデアに乗り気になっていた。

「今度、東京の近場にサーカスが来るのは半年後になる。入団はそのときにするといい」

そうして彼女は半年間の準備期間を経て、富士急ハイランドでの公演のときにキグレサーカスに入団したのだった。

5

亀田雪人さんは一九四八年、宮崎県の都城で生まれた。

実家は農業をしていたが、政治家を目指して選挙で落選していた父親は、農作業のほとんどを母親に任せて農協や市役所関係の相談役のようなことをしていたという。実家では稲作と酪農を営んでおり、いつも平飼いの鶏が庭を動き回っていた。

彼は七人兄弟の三男で、兄とは十三歳離れていたため、一緒に育ったという記憶はない。牛や馬、ヤギ、豚を飼育するその家で、「子供の頃から忍者ごっこをしていた延長で、中学では体操部に入った」と言う。体操部では器械体操ではなく新体操をしていたそうだ。

「体操は日本のお家芸と言われていたからね。インターハイまでは行ったんだ。真ん中くらいだったかな。体操をやるきっかけになったのは、小学校の頃に運動会の昼休みに地元の農業高校の体操部が来て、パフォーマンスを見せてくれたこと。かっこいいなあ、って思ってさ。そのあと農業高校に入ったんだけれど、体操ばっかりしていた」

東京オリンピックが開かれたのは高校一年生のときだった。日本の体操チームの活躍をテレビで目にした彼は、以来、さらに力を入れて体操部での活動に勤しむようになった。

高校を卒業後に亀田さんが就職したのは、狛江市にある「小宮スポーツセンター」だった。リーダーこと八木さんが所属していたのと同じ会社である。上京して働く先を探していたとき、同社が「ゴールデンアームズ」というアクロバットチームの人員を募集していたのを目にして、「これだ」と思った。

「俺は成績も悪かったし、家に金もなかったから、好きな体操で飯が食えると思ってさ。親の反対を押し切って上京したんだ」

ところが、そうして入社した小宮スポーツセンターを、その後、彼はわずか数か月で飛び出してしまうことになる。

上京後、小宮スポーツセンターの二階の寮で寝泊まりし、朝早くから一階の稽古場で激しい練習をする日々を送り始めた。練習では水を飲むと「バテるから」と罰金を取られる。また、夜はクラブやキャバレーでショーを行い、深夜に帰宅するその仕事は体に応えるものがあった。

ショーでは赤坂のキャバレー「ミカド」などによく出向いたが、大勢のホステスや酔客の相手をして帰宅し、夏場になれば蒸し暑い寮で汗だくになって起きる日々――それは十八歳のまだ純粋な彼を何か我慢ならない気持ちにさせたのだった。

ある朝、彼はまだ暗いうちに荷物を鞄に詰め込み、こっそりと寮を出た。自転車のサドルに大きな荷物を二つ結び付け、ひたすら西へ走った。それから亀田さんの放浪の生活が始まった。

まず向かったのは、年の離れた姉のいる名古屋だった。そこにしばらく泊めてもらった後、知多半島の半田に行って川崎製鉄の溶鉱炉でしばらく働いた。だが、溶鉱炉での仕事も「ここでは青春は過ごせない」と思って半年で辞め、東京に再び舞い戻ったという。

東京で頼ったのは、小宮スポーツセンターにいたときに知り合った、劇団ひまわりの役者の友達だった。円谷プロダクションの特撮番組「快獣ブースカ」でのアクションの仕事に駆り出されたとき、撮影現場で知り合った少し年上の人で、「何かあったら俺のところに来いよ」と言われたのを思い出したからだ。

「キグレに来る前はぜんぜん食えなくてさ。ビルの窓拭きなんかもして何とか稼いでいた時期もあった。ハトヤホテルでマジックショーのアシスタントの仕事を見つけて、そこで手品を少し覚えたの」

そうして劇団に入って芝居を始めてから二年が経った頃、二十歳になったばかりの頃に出会ったのが「パントマイム」だった。

彼がパントマイムに惹かれたのは、宮崎の訛りが取れずに苦労していたからだった。役をもらっても台詞がどうしても訛るため、いい役をもらうことができない。そんなとき、ちょうど習い始めたモダンバレエの先生から「それならパントマイムがあるよ」と勧められ、「ちょっとやってみようかな」と気軽に始めたのがきっかけだった。

「パントマイムなら喋らなくていいって思ってさ」

この出会いによって、彼は「ピエロ」という芸に知らぬ間に接近していったのである。

パントマイムはもともとヨーロッパで生まれた芸で、演劇の一つの形態として作られてきたものだった。

かつて十六世紀から十七世紀にかけて、イタリアに「コメディア・デラルテ」という劇団があった。アクロバットや音楽、仮装を組み合わせた芝居をしながら、ヨーロッパ各地を回っていた即興喜劇の劇団だ。だが、国によっては言葉が通じないことも多く、そのなかで動きだけで表現するパントマイムが発展した。

有名どころではフランス人のジャン＝ルイ・バローという役者がいる。映画「天井桟敷の人々」の主人公としてパントマイムを披露するバローは、マルセル・マルソーも在籍したアトリエ座俳優学校で学んだ。独自のパントマイム芸を確立したバローは人気を博し、日本でも何度か公演を行っている。

この歴史を後に知ったとき、亀田さんは「訛りを理由にパントマイムを始めるのは、歴史的にも通じる選択だったんだ」と思った。

そこに役者としての活路を見出した彼は、その日からひたすら鏡の前で練習を繰り返した。最初はぎこちない動きであっても、練習を重ねるうちに目に見えないものがだんだんと見えるようになっていくのが嬉しかった。壁や綱引き、重量挙げや風……。だが、それらを表現できるようになると、今度はパントマイムの「本質」のようなものにも彼は気づいていく。

ないものをあるように見せる身体表現は、あくまでもパントマイムのテクニックに過ぎない。パントマイムは一つの表現手段であって、目的はもっと先にあるものだった。

人間が肉体の動きによって日常生活を再現したり、ある作品を表現したりする。パントマイムはダンスやバレエに組み込むこともできる。要するにパントマイムは喋らない肉体表現ではあるものの、ときには台詞や歌を交えても全く構わない。目的は「何を表現したいか」なのだ。

亀田さんは個性的なパントマイムを研究する中で、少しずつその「本質」へと近づいていった。そして、その先にあったのが「ピエロ」というパフォーマンスだったのである。

彼が憧れたのは前述の「コメディア・デラルテ」に出てくる「アルルカン」という道化師だった。

「ピエロっていうのは舞台で動き回って、間が抜けていて、親しまれるキャラクターだよね。俺が『ぼくのピエロ』の話にすぐ飛びついたのは、そんなピエロを演じるということに魅力を感じていたからだったんだね。マイムでは見えないものを見えるように表現できる。でも、それだけではみんな同じになってしまうし、芸としては認められない。だから、笑いの取れるピエロをマイムに組み合わせるというアイデアには、とても惹きつけられるものがあったんだ」

亀田さんが妻の明美さんと出会ったのは、パントマイムのパフォーマンスを高田馬場の歌声喫茶で披露していた時だった。

歌声喫茶は戦後の「うたごえ運動」によって流行したもので、各地に結成された合唱サークルによって六〇年代前半に最盛期を迎えるが、亀田さんがパフォーマンスをしていた頃は、すでに流行としては下火になっていた。

店では客たちによる合唱の他に、落語やアコーディオンによる演奏、フォークソングや人形劇が披露されていた。そのなかで、亀田さんはパントマイムのパフォーマンスを友人とコンビを組んで舞台で行っていた。

埼玉県秩父市の旅館の娘だった明美さんは、音楽短大でシャンソンを歌う学生だった。アルバイトで働いていた染物屋の友人に誘われて「高田馬場の歌声喫茶」に行き、そこでパントマイムをしていた亀田さんと出会ったのが二人の馴れ初めだ。

それから数年後、一歳半のこうすけを連れてサーカスに入った彼女は、丸盆のショーに出演することになる。二人はそこで由紀さんに出会うのだった。

6

一九八一年九月、キグレサーカスは公演地を郡山に移した。

亀田さんは東京で暮らす明美さんとこうすけを、このときサーカスに呼び寄せた。三人は新たなヤサをもらい、家族三人での「サーカス暮らし」が始まった。

サーカスには特別なルールはなかったが、「挨拶はきちんとするように」と清水さんから強く言われた。

「キグレでの生活を始めたときは、まさに〝異空間〟に来たという感じだったな……」

雨風の音を感じるテント暮らし、これまで経験したことのない共同生活と動物たちの鳴き声……。

最初は共同の洗濯機がいつ空いているのかも分からなかったものの、衣食住の全てがそろった中で芸を磨けるサーカスでの生活を彼はすぐに気に入った。

一方、そのように始まったサーカス暮らしについて、明美さんは最初、全く気乗りがしなかったと振り返る。

「サーカスのテントに住むなんて、最初はとんでもないと思っていたものですよ」

亀田さんの自宅を訪れた時、彼女は苦笑しながら僕に言った。

何より困ったのが、あまりの環境の変化に驚いたのだろう、一歳半になるこうすけが泣いてばかりいることだった。

ただ、最初は売店の売り子をしていた明美さんも、しばらくしてサーカスの舞台に引きずり込まれていく。団長から勧められて「宇宙への旅」の進行役である「ウランちゃん」の役を引き受けることになったのだ。

銀色のぴっちりとした衣装を着て客前に立つことには抵抗を覚えた。それでも慣れというのは面白いもので、続けているうちに全く平気になったのは自分でも不思議だった。そのうち一輪車も覚え、オープニングやフィナーレにも出るようになった。

問題は幼いこうすけを育てながら、舞台に立つことだった。彼女は子供を楽屋に連れて行って世話をしていたが、出番のあいだは置いていかなければならない。サーカスの楽屋には幼い子供たちを入れる囲いがあり、母親たちは本番中、そこに我が子を入れて丸盆に立っていた。

大人の目が常にあるので心配はいらなかったとはいえ、出番が来た明美さんに置いていかれる度にこうすけが大声を出して泣くのには困った。

「可哀そうなことしちゃったかなあ……」

そう思ってはみるものの、舞台の出番が始まれば泣き声を背中に聞きながら丸盆に向かわねばならない。

ところが面白いことに、子供の環境への適応は思ったよりも早かった。

しばらくすると、こうすけは丸刈りにされ、数か月が経つ頃にはすっかりサーカスの暮らしに馴染んでいた。

三歳になる頃には、他の子供たちと一緒に丸盆の下の照明台の〝特等席〟で舞台を見るようにもなり、明美さんが「ここはどこ!?」という台詞を言おうとすると、「あ、ガーガー（お母さん）だ！」という声が聞こえて困り果てたこともある。何しろ彼女は十代の女の子として舞台に立っているのである。「ガーガーだ！」などと指を差されて呼ばれては、演出も何もあったものではない。

「子供たちも野放し状態だったから野生化して、本当にのびのびしていて……。どこにいてもサーカスの誰かが見ているという安心感があって、最初はサーカスに行くなんてとんでもないと思ったけれど、後になると本当にいい経験だったな、って思うようになりました」

と、明美さんは言う。

亀田さんも同じようにこう話して笑った。

「俺たちはこうすけが小学校に上がる前にサーカスを出たんだけれど、幼稚園ではすっかり『サーカスの子』でさ。園の柿をちぎって食ったり、池の鯉のいるところで水浴びしたり、しばらくは問題児だったよね。サーカスの大人たちはどの子も自分の子とまではいかないまでも、何かあったら叱ったり、可愛がったりしてくれていて、そこは本当に共同体だったという思いがあるんだ」

舞台での亀田さんは最初、一輪車やローラースケートに乗り、由紀さんと二人で「インチキ皿回し」の芸をした。

パントマイマーと芸大出の道化師のコンビは芸に対する探究心や向上心が強く、リーダーこと八木さんから「亀、この前、中国の芸で皿を投げて受け取るのをやっていたよ」と言われれば、すぐに「ちょっと本物の芸を入れてみようよ」と話し合った。強化プラスティックの皿を用意し、回すだけではなく空中に飛ばして受け止めるようにしたのだ。

二人はしばらくしてカンスーにも挑戦した。

それはキグレに来るきっかけになった栗原徹の事故のあった芸だったが、「怖いもの見たさというものがあったんだよね」と亀田さんは言う。

舞台前の高芸の稽古で命綱を付けて試してみると、あまりの高度感に亀田さんは初めは恐ろしさを感じた。

それでもバーを持ってバランスを取れるようになると、渡り切ったときの達成感はひとしおだった。明美さんは、彼が綱渡りをする様子を恐ろしくて見ることができなかったけれど。

「カンスーは命綱があれば渡る方は安心さ。でも、お客さんには面白みに欠けるでしょ。サーカスというのは失敗しなければ『よかった』とみなが思うけれど、一方で観客の人たちはどこかで失敗を期待しているところがある。あの『危ない！』という瞬間にショーの価値があるわけだからね」

そして、二人の胸にその後もずっと焼き付いたのは、「場越し」のときの風景だ。

サーカス育ちの健兄さんなどに聞くと、「場越しは面倒なだけ」と言う。対して「外」の世界から来た亀田さん夫婦が、その時間をいつまでも「サーカスの記憶」の大切な一場面として記憶しているのが僕には興味深かった。

明美さんは言う。

「テントを外したら丸盆の下の草に跡がくっきりと残っていて、『また別のところに行くんだなあ』という気持ちになった。あのテントも慣れてくると我が家になるのよね。場越しをしてまずはテントを建てると、いつもようやくほっとするの」

対して亀田さんはチャールズ・チャップリンの映画「サーカス」の場面をふと思い、何とも言いようのない哀愁をいつも感じた。

一度、祭りを終えた大天幕やサーカス村の小さなテントが解体され、荷物を積んだ最後のトラックを見送ったことがあった。それまでは人々の濃密なざわめきがあった土地が、ひっそりと静まり返っている。そこにはもともと何もなかったような、あの華やかな舞台は全て夢だったような気持ちに彼はとらわれた。

ところが、それから次の公演地に向かうと、すでに大天幕の旗が広い空のもとではためき、自分たちが生活するテント村が作られ始めている。トラックから降ろされて置かれたテントの材料を運んでヤサを作ると、「これからまたサーカスが始まるんだ」という新鮮な胸の高鳴りが湧きあがってくる。四年間のキグレサーカスでの日々は後から振り返るとき、その繰り返しであったと彼は思うのだった。

「興行に行くと、まあ、いろんなことがあるわけだよね。そこで一つの生活をするわけだから。その全てをリセットして、次の新しい街に行って、方言も違う場所で新しい生活をする。それが気分転換になったよね。人それぞれだろうけれど、場越しの日に『ああ、ここでの生活も終わるんだな』って真っ新《まっさら》になった空き地を見ていると、いつも切ないような、愛おしいような気持ちになった。そして、次の新しい土地で『材木がない』なんて大騒ぎをしながら、またテントを建てることの繰り返し。それは普通の生活とはぜんぜん違うところがあるよね」

そうして亀田さん夫婦は舞台に立ち続け、その間に次男のせいじが生まれた。こうすけが小学校に上がる直前まで、二人は結局、四年にわたって旅回りの日々を続けたのだった。

7

由紀さんには今でも強く胸に残っている、幼い頃に繰り返し見た夢がある。

初めてその夢を見たのはまだ小学校に入る前、川崎の幼稚園に通っていた時のことだった。翌日に遠足があった日だった。

――絵本の赤ずきんの恰好をしている自分が、森の中をわけもなく彷徨《さまよ》っている。森には等間隔で木が並んでいて、ときどき全体が貼り絵のように見えた。逃げなければ狼に食べられてしまう。そう思ってどこかに身を隠さなければと焦るのだけれど、全く同じ木が並んでいる光景が恐ろしく、赤い服を着た自分は隠れてもはみ出して見つかってしまうのではないか、という恐怖から逃れることができない……。

由紀さんは「あの夢に出てきた等間隔の木は幼稚園の制服のイメージだったんじゃないか」と思っている。

彼女は幼稚園が嫌いで、毎朝、母親から「今日は泣かないね。大丈夫だね」と言われていた。一度は「うん」と頷いたとしても、園で母がいなくなるといつも火がついたように泣いていた。そして、その夢を見た翌日の遠足の日、ついに幼稚園から「この子はまだ馴染めないようなので、しばらく来ないでください」と言われてしまった。

その体験と関係しているのかは自分にも分からないけれど、彼女は同じ頃から極度に暗闇を怖がるようになり、しばらくして吃音の症状が出るようになった。

友達と遊んでいるときは症状は出なかったが、例えば、小学生になった頃、教室で教師に指されると途端に言葉が上手く出なくなった。自宅で教科書を声に出して読んでいると、「家ではすらすら読めるのにねえ」と母親がため息をつくように呟いていた。だから、なのだろう。子供の頃から、彼女は空想の世界で遊ぶことがとても多かった。

吃音は「いろいろと研究をして、何とかカバーできるようになった」と彼女は言う。美術高校の面接で「尊敬する人は？」と聞かれ、彼女は「母親」と答えた。だが、大学生になったときに気づいたのは、自分がその母親と話すときに吃音の症状が強くなることだった。

「結局、私はマザコンなのかもしれないですね」

と、由紀さんは言った。

いずれにせよ、空想好きで心に少し過剰なほどの繊細さを抱えていた性質は、彼女が「アート」の道へと進んでいく遠因となった。また、そんな彼女がサーカスの舞台に立つという選択をしたのは、人前で緊張して言葉が出なくなる自分を乗り越え、変えていきたいという思いもどこかにあったからかもしれない。

キグレサーカスに入団してしばらくして、彼女はマイクを持ってちょっとした進行をする役割を、衣装係の八紘さんから与えられた。プログラムの後半が始まるとき、ベルを鳴らして観客に伝えるというものだった。

「喋るのは無理！」

と、最初は断ろうとしたけれど、八紘さんは頑なに「これがパクの仕事なんだ」と譲らなかった。

不思議なものでそうして舞台でのアナウンスを何とかこなしていると、あれほど嫌だったことも一方で、キグレサーカスで始まった生活において、彼女にはなかなか慣れなかったこともある。それは独身女性の相部屋である「乙女」での共同生活だ。

「人前で喋ること」が意外とできるようになっていったのは自分でも驚きだった。

「乙女」には部屋長のミネちゃん、契約で来ている司会の女優、前述の十代の双子がいて、ベッドのスペースにそれぞれ私物の入った茶箱を置いていた。

部屋長のミネちゃんもまだ十代後半だったが、中学を卒業した頃からサーカスの芸人になった人なのだろう、和枝姐さんが「ミネ子、おまえがいちばん古いんだから、部屋長としてしっかりやらねばいかんばい」と言っているのを由紀さんは横で聞いていた。

美大で日本画を描いていた彼女は、もともとじっくりと集中して制作をする一人の時間に慣れ親しんでいた。だが、「乙女」での共同生活では当然のことながら、寝ても起きても一人の時間はない。サーカスでの生活という最初の物珍しさが日常に回収されていくと、自分だけの時間と空間のない日々にはストレスも多かった。

「だから、入団して二場所目には、もう辞めようと思ったこともあったんです」

そのときは団長のもとに行き、実際に「ちょっと向いていないみたいなんです」と伝えた。

「そうか、決心が固いなら仕方ないね」

と、団長は言った。

それでも彼女がキグレサーカスを辞めなかったのは、「サーカス」という場に流れる情のようなものを、それからの出来事で感じたからだった。しばらくしてマーボー兄さんと八紘さんから立て続けに声をかけられたのである。

「ゆき!」

「乙女」にやってきたマーボー兄さんは言った。

「お前な、サーカスではなんで兄さん姐さんと呼び合っているか知っているか?」

黙っていると、彼はこう続けた。

「ここは一つの家族なんだ。俺はお前のことだって、新しい妹だと思っていたんだぞ。お前だって俺のことをマーボー兄さんと呼んでくれただろ。それなのになんだ。相談もなくやめるのかよ。今日、団長から聞いてびっくりした。俺は悲しいよ」

そう言い放って彼が去って行った後、テント村を歩いていると、すれ違いざまに会ったのが八紘さんだった。

皮肉屋の八紘さんはマーボー兄さんとは異なり、少し芝居がかった口調で「君、やめるんだってな？」と話を始めた。

「君とは短い縁だったよな。俺はもうちょっと骨のある女だと思っていたんだけど、残念だなあ。そう思っているからこそ、宇宙人だのなんだの言って司会をやらせたりして、つついていたんだぞ」

キグレサーカスを支える幹部の二人からそう言われ、由紀さんは悩んだ。

ここでの生活にはいろいろあるけれど、もう少しいてもいいかもしれない……。小さく胸に生じたそんな思いが、考えるほどに大きくなっていった。

「やっぱりまだここで頑張ってみよう」

考えた末にそう心に決めた。そして、「もうここで働くんだ」とあらためて心に決めてしまうと、「乙女」での生活を別の角度から見られるようになり、周囲とも少し打ち解けた。そうやって何度目かの場越しを経験するうち、彼女もまたサーカスでの生活に慣れていったのだった。

動物小屋、テントで暮らす家族、そして、自分のいる「乙女」……。

サーカスは一つの閉じられた世界であり、そこに作られた「社会」がまるごと日本全国を移動している。

公演ごとに地元のアルバイトや先乗りの人たちが出入りし、顔ぶれも少しずつ変わる。

誰も大っぴらに過去を語ったり聞いたりはしないけれど、サーカス内の人間関係もはっきりと分かってくる。

その中で彼女の心にいつまでも残って離れなかった思い出の一つに、キグレサーカスの古株である和枝姐さんとの交流があった。

かつて芸人だった和枝姐さんは、正月公演では日本特有の芸である「竹渡り」などを披露していたが、僕がサーカスに来たときは炊事場を仕切る母の「上司」の一人だった。

和枝姐さんは赤ん坊がいれば最初に風呂に入れ、テント村を走り回る子供たちが悪さをすれば叱りつけ、清水さんが酔っ払っていれば説教をする——というように、サーカスの裏側で様々な世話を焼く主の一人のような存在だった。

和枝姐さんとの思い出には、こんなものもあった。

サーカスに留まろうと決意した後、由紀さんは少し風邪気味で寝込んでいるとき、彼女に騙されて「マムシ酒」を飲まされたことがあるという。

「パクぅ。いいもんがある」

乙女にやってきた和枝姐さんはそう言って、コップに入れた酒を由紀さんに差し出した。

「ちょっとこれを飲みぃ。鼻つまんで飲み。大丈夫だから」

仕方ないので息を止めて飲むと、何とも生臭い匂いが口の中に広がった。

「なにこれ！」

由紀さんが驚いて目を白黒させている様子を見て、和枝姐さんは隠していたマムシ入りの瓶を手に取って差し出した。

「飲みよった、飲みよった」

そう言って彼女は本当に嬉しそうに笑った。

夜、みなで酒を飲んでいるようなとき、和枝姐さんは問わず語りに自分の子供の頃の話をすることがよくあった。

幼い頃に木下サーカスに入って芸人を始めたという彼女は、「わっちは妹と一緒に木下に三百円で売られたんよ」と言った。

だが、それは自らの哀話を語っているのではなかった。

「妹よりわっちの方が器量が良かったんだ。妹はサーカスになつかなかったから帰された」と、自慢げに話すのである。

おそらく何度も同じ話を語ってきたのだろう、子供時代の思い出を語る和枝姐さんの口調は年季が入ったものだった。美一さんによれば、和枝姐さんには「わっちは妹より五十円高かった」ということが自慢だったという。

由紀さんもまた、彼女の話に引き込まれた一人だった。

和枝姐さんは言う。木下サーカスに来たのはいいが、九州の親元を離れたことが寂しくて、家が恋しくてたまらなかった。一度は「帰ろう」と思って、「サーカスを一人でこっそりと出て、どんどんと歩いたんよ」と。

すると、辺りがすっかり暗くなった頃、道で出会ったある人に「お嬢ちゃん、こんな夜にどこへ行くの？」と声をかけられた。

「九州の家に帰るの」

「そんなところまで歩いてはいけんよ。今日はうちに来なさい」

そうして「山の上」にある家に連れていかれると、そこはとてもお金持ちの家だった。その人たちは「この子は可愛い」と言って、養女にしてくれようとした――そこまで話すと、

「ところが！」

と、和枝姐さんは語気を強めた。

そして、両手の指を絡めて祈禱のように祈る仕草を見せてから、

「木下のお母さんはこれをやりよるでしょう。それで『和枝は山の上にいる』って分かって連れ戻されちゃったんよ」

あるいは、由紀さんは直接には聞かなかったが、和枝姐さんにはこんな逸話もある。

サーカスに来た頃、彼女はとても可愛らしい女の子だった。掛け小屋時代のサーカスには象やトラ、女芸人が宣伝のために乗る「のせ」が入口にあった。ある日、和枝姐さんがその「のせ」に乗っていると、見世物小屋などが並ぶ向こうの方から、「かずえー、かずえー」という声がする。

「それがわっちの父親だったんよ」

由紀さんは和枝姐さんの「物語」を、啞然としながら聞いていた。西條八十の作詞した古い時代のサーカスの匂いが、そこからは漂ってくるようだった。

和枝姐さんの話がどこまで本当なのかどうかは、誰にも分からなかったし、確かめようもなかった。だが、同じ話を僕の母も美一さんも聞いているので、それは和枝姐さんが自分の〈記憶の庭〉に育て上げた大切な物語であったに違いない。

結果的に由紀さんは四年間、キグレサーカスで芸人を続けることになった。鉄平さんの妻だったエミコ姐さんと二人で丸盆に登場し、好き勝手なことをするピエロのパクが、エミコ姐さんに怒られては逃げる――というドタバタ劇を見せるのが彼女の主な仕事だった。

エミコ姐さんがスポンジのバットを持ってパクを追いかけると、観客席からはくすくすと笑い声が聞こえる。なかでも特にウケの良かった定番の掛け合いが、プログラムの後半で水の入ったバケツを持ってエミコ姐さんに追いかけられる場面だった。丸盆を走り回って逃げるパクはついに観客席に身を隠そうとし、それを見つけたエミコ姐さんがバケツの水を彼女にかけようとする。客席から「きゃあ」という悲鳴が聞こえるが、バケツに入っていたのは実は紙吹雪だった――。

後に舞台では「スター」と呼ばれる背の高い一輪車に乗り、芸と芸の間には亀田さんと「偽物」の皿回しなどで客を笑わせ、舞台に緩急をつけるピエロの仕事をこなした。

サーカスは二か月間の公演を終えると、風のようにその土地から去って行く。盛岡、仙台、郡山、新潟、宇都宮、東京、名古屋、岐阜、徳島、熊本、鹿児島……。

非日常であった旅が日常となるなかで、由紀さんが好きになったことがある。それは亀田さん夫婦も語っていた「場越し」のときに流れる不思議な時間だった。場越しではサーカスの全てが一度解体され、次の公演地に行くまで揺蕩《たゆた》うような時間があった。

場越しの時間に身を委ねていると、彼女はこれまでに感じたことのない気持ちが胸に湧き上がってくるのを感じた。たくさんの観客で賑わった大天幕や「村」のテントがばらされ、トラックに積まれていく。これまで「お祭り」だった場所が何もない空き地へと戻っていく。

彼女は「ここには〝どこにもない時間〟がある」と思った。

「一種の不安定さというのかな。例えば仙台で公演がある。私たちはまだ仙台にいるけれど、『仙台公演』と呼ばれた興行はもう終わっている。朝、決まった時間に稽古をして、決まった時間に鳴っていた音楽も始まらない。いつもとは違う時間の流れの中で、次の街はどんなところだろう、という気持ちでいる。その気持ちが何とも言えず好きだったんです」

サーカスの外から来た由紀さんや亀田さんが、「場越し」について同じように語るのが僕には印象的だった。それは彼らが、サーカスでの時間はいつかは終わるものだと、常に心のどこかで感じていたからなのだろう。

では、そうして流れた四年間という歳月は、由紀さんの人生にとって、どのような意味を持ったのだろう。僕がそう尋ねると、彼女は「そうね……」と少し考えてから言うのだった。

「それは私にとって、すごく大きな時間でした。例えば、自分以外の人たちを前よりずっと信頼できるようになった。私は子供の頃から吃音が酷くて、いつも言葉のことで苦しんでいました。外側に対して緊張するタイプだった自分が、サーカスでの四年間でずいぶんと変われたと思うから」

8

一家四人となった亀田さんの家族がキグレサーカスを離れたのは、一九八四年の冬のことだった。僕が「ビニールおじさん」と出会った名古屋の白川公園での舞台が、二人にとってサーカスで過ごした最後の時間となった。多くの芸人たちがそうであるように、彼らも長男の小学校の入学を前に、キグレサーカスを離れることにしたからだ。

ただ、亀田さんには他にもう一つ、サーカスをやめようと思った動機があった。それは四十歳になる前に、自分の芸を「シャバの世界で試したい」という思いだった。役者として演劇の舞台にも立ちたいという夢もあった。

団長からは「考え直してほしい」と言われたが、「嫌になってやめるわけではないんです。次にやりたいことがあるんです」と答えた。

サーカスを出た後、彼らは新小金井のアパートに暮らし始めた。芝居の仕事をしようと思っても、四年間の旅回りの後では伝手がない。パフォーマンスを売り込もうにも、まだ「自分の作品としての芸」を持っていなかった彼は、しばらくアルバイト情報誌で仕事を探したり、二人の子供の世話をしたりして過ごした。

幸いだったのは、衣食住にお金のかからないサーカスの四年間でそれなりの貯金ができていたことだった。亀田さん一家はその貯金を食いつぶしながら、明美さんが見つけてきたヤクルトの仕事で家計を何とか成り立たせた。

サーカスを出た後に亀田さんがアーティストとしての活動を始めたのは、少し先に辞めた由紀さんとの縁があったからだった。

自らのピエロ芸を作り出そうと試行錯誤していた由紀さんは、一足早く遊園地などでパフォーマンスをするようになっていた。だが、そのなかで体調を崩してしまい、自分の代わりに亀田さんをイベント会社に紹介した。そうして、彼のもとに「代打のパフォーマーとして出演してくれないか」という連絡があったのだった。

由紀さんが体調を崩した理由の一つには、サーカスという濃密な人間関係の中での暮らしから抜け出し、東京での一人暮らしを始めたことによる環境の変化があった。

その頃、彼女は「孤独に苦しんでいた」と言う。

最初は一人の時間がないと悩んだこともあったサーカスでの暮らしだが、四年間をそこで過ごすうち、すっかりその世界の住人となっていた。

「そこから一人で戻ったとき、『東京ってこんなに寒かったんだっけ』と本当に身に応えたんです。恋人との関係もこじれてしまっていた時期で、私が元気になったのはフランスに行ってからでした」

亀田さんはそんな由紀さんの代わりに、遊園地でのショーに出演することになった。ジャグラーと手品、一輪車を組み合わせて二十分ほどのパフォーマンスを見せると、客からの評判がとてもよかった。そこから彼の仕事は徐々に増えていく。

そんななか、彼はパントマイムとキグレサーカスで身に付けた芸を組み合わせた、自分ならではのピエロ芸のアイデアを思い付いた。それは仲間のマイマーと二人で全ての芸を構成し、「ボロチョイサーカス」という名で日本全国を回ることだった。このアイデアが大当たりし、さらに一人だけでピエロ芸を見せる「キマグレサーカス」や「おひとりぼっちサーカス」と名付けたパフォーマンスを考案しては、全国の会場で子供たち向けのイベントを中心に芸を見せるようになった。

「いきなりピエロのメイクで出ていくと、子供たちにぎゃっと泣かれちゃうなあと思ってさ。最初は十分くらいお喋りをしながら、舞台の上で段々と化粧をしていくことにしたんだ。それで芸の話を交えつつ、手品やジャグラー、玉乗り、皿回しや綱渡りをするってわけ」

綱渡りでは両端に用意した椅子型の台にパイプを取り付け、ロープを張って渡った。一人か多くても二人で披露するこの小さなサーカス団を、彼は舞台役者をしながら今も続けている。

「キグレサーカスでの体験は、本当に貴重なものだったなって思う。家族で行ったから大変ではあったけれど、経験しようと思ってできるような生活じゃないからさ。当時の俺は三十歳を過ぎたばかりで、最後の芸を覚えるつもりであの場所にいた。そのことが自分の人生の方向性を決めたんだから、俺にとっては本当に良かったと思っているよ」

由紀さんがキグレサーカスを離れたのは一九八三年の夏のことだった。興味深いのは、亀田さんと同じく由紀さんもまた、前述のように、キグレサーカスの日々の中で「自分だけの新しい道化芸をしてみたい」という思いを抱え、同じ頃にサーカスを離れる決断をしたことだ。

サーカスでの暮らしはすっかり好きになっていたけれど、もともと芸大で「アート」の世界を志していた彼女には、「表現の問題」も重要な人生のテーマだった。同じ芸を舞台で繰り返す日々を送るうち、もっと「道化」について学びたいという気持ちが強まっていった。その思いが後にパリの演劇学校へ通うという選択へとつながっていったのである。

「表現の問題が自分の中に生じてきたのは、やっぱり少しずつだったのかな。もちろん芽のようなものは最初の頃からちょっとあったと思うのね。サーカスに入った時から、いずれはオリジナルな芸を作りたいと思っていたから」

四年間のサーカス暮らしの中で、家族のように親しくなった人々との別れはつらかった。だが、当時の彼女は「いまが潮時なんだ」と自分に言い聞かせ、後ろ髪を引かれる思いでサーカスを後にした。

彼女の描いた『サーカス放浪記』にこんなシーンがある。

退団する日が近づいてきた木更津公演のある夜、彼女は舞台の終わった丸盆でひとり、少し酒に酔って寝転んでいた。海に近い公演地では常に風が大天幕を揺らし、ときおり潮の香りのする強風がテント村を吹き抜けていった。

彼女は半年ほど前の宮崎フェニックス臨海公園での正月公演で、団長にサーカスを出て勉強をしたいという自らの思いを伝えていた。年末の公演の際、遊園地などでイベント業をしている会社と縁ができ、退団後の仕事の斡旋もすでに頼んでいた。

それでも不安を感じながら将来について考えていると、寝転がった丸盆の冷たさが心にしみてくるようだった。四年間の旅の思い出を一つひとつ振り返っているうち、唐突に次のような思いにとらわれた。

〈「……?」小屋のまなざしを感じたような気がして、私はあたりを見廻した。風はまだ止まない。桟敷裏の暗がりで何か動く気配は、側幕が風に煽られているのだろう。風の夜の天幕はどこか動物的だ。ふと私は思った。もしかすると、私が小屋での夢想を好むのは、この生きた空間が〝胎内〟に通じる感覚を潜在させているからかも知れない〉

そのとき、彼女ははっと思ったのだった。

〈そうか、退めるんじゃなくて、生まれて行くんだ〉

そう思うと少しだけ気持ちが浮き立つような気がした。

丸盆でタバコを吸いながら横になっていると、明日から自分を取り巻く世界が消えてしまうことが不思議でならなかった。いつも誰かがいるサーカスには、寂しさというものがなかった。だが、自分の芸をしたいのであれば、その世界から勇気を出して飛び出なければならない。彼女はサーカスから出ることに、これほどの勇気が必要になるとは思っていなかった。

由紀さんはサーカスを離れた後、体調を崩していたときにこんな夢を見た。

建設中の大テントの前に彼女は立っていた。周囲にまだ資材が置かれているなか、テントの中に入ると、大好きだった丸盆が天幕の下でぼんやりと真珠色に光っていた。丸盆はまるで呼吸をしているかのように鼓動し、そこで芸人たちが様々な芸を繰り広げるのを待っている。彼女は後に本の中で、このイメージを〈胎内〉という言葉で表現したのだった。

子供の頃、絵が好きだった。美術高校に入って美大に進学した。画学生として悩んだ長い時間の末にたどり着いたサーカスは、自分にとって一つの通過儀礼のようなものだったのかもしれない、と彼女は感じている。

そして、パリに向かうとき、路上で踊り始めるとき——いつも勇気が必要だった。新しい場所へと飛び出していくときのその勇気は、サーカスという安心した世界から飛び出たときの思いと確かにつながっているはずだった。

「外」の世界から来た二人の道化師にとって、サーカスという場所は長い人生の中でどのような意味を持ったのか。そこには通り過ぎ、新しい人生を歩み出す場所としてのサーカスがあった。育まれ、生み出される場所としてのサーカスがあった。

由紀さんがそう語るのを聞いたとき、僕もまた同じなのかもしれない、と思った。幼かった自分にとっても、あの場所での日々は一つの通過儀礼であったと同時に、自らが生まれていくような時間だったのかもしれない、と。

第五章　最後のサーカスの子

二〇一〇年の秋、キグレサーカスが廃業してから一か月程が経った頃のことだ。

建設中の東京スカイツリーのまだ窓も付けられていない場所から、十八歳になったばかりの木暮優稀《ゆうき》さんはスモッグに煙る東京の街を見つめていた。

彼の仕事はコンクリートを削り、窓枠などをはめ込むための溝を作る「斫《はつ》り」と呼ばれるものだった。二階から百五十メートルの高さまで作業用エレベーターで行き、そこからは階段を使ってさらに二百メートルの高さに登る。前日に紹介されたばかりの職人と二人、指示に従いながら慣れない仕事をしていると、ふと「ああ、いま俺は新しい人生を生き始めているんだな……」という気持ちが胸に生じた。

「次の公演はないぞ」

同じアイアン・ホールに出演していた父親の慎二さんから、そう言われたのは盛岡での公演が終わろうとしているときだった。彼は頭が真っ白になり、その事実をすぐに受け入れることができなかった。

サーカスでの最後の公演が終わった日、彼のコンテナハウスにはサーカスの人々が集まり、夜遅くまで酒を飲んだ。誰もサーカスがなくなることについては触れず、冗談を言って笑い合っていた。翌日には別れがあり、それぞれが別の道を歩み始めるというのに、いつも通りの夜がただただ続いた。

それから一か月後、優稀さんが父とともに働くことになったのが、知人の伝手で紹介された東京の建設会社だった。

優稀さんには妹がいる。高齢の母親と家族の生活を一身に背負った慎二さんは、就職先が決まるまでの間、みなを路頭に迷わせてはいけないと悩みに悩んでいた。

僕が東京の居酒屋で二人に話を聞いたときのことだ。慎二さんは息子の優稀さんの方を向いてこう言っていたものだ。

「サーカスに二十年以上いた俺は、外の世界について全くの浦島太郎の状態だったんだ。東京に行っても無一文で、仮設興行の建設の経験はあっても、本当の建築なんてやったことがない。四十四歳で全くの新人で、社会のことも知らない。そんな自分が本当に上手くやれるんだろうか、ってずっと不安だった」

そんなとき、慎二さんの背中を押したのが優稀さんの言葉だったという。

「お父さん、笑っていればいいよ」

お父さん、笑っていよう。笑っていれば必ずいいことがあるから、笑っていようよ——。
「サーカスにいた二十三年間という時間は、夢の世界にいたのかな、って本当に思う。あの場所は常に賑やかで、寂しくもない。でも、外の世界はそうじゃないからね。何もかも変わっているのに、自分はサーカスに入った二十一歳の時のまま、っていう感じでさ。唯一の頼りは体力だけだった。優稀にとっては、十八歳で外の世界に行けたのは良かったのかな、と今では思うけどさ」

優稀さんは一九九二年に生まれた。コンテナハウスで育った彼は物心がつく前から、サーカスの舞台でオートバイや空中アクロバットに出演する慎二さんの姿を見続けてきた。母親はモニターのある舞台袖で場内アナウンスをしており、公演中はそこにいることが多かった。ときには空いている観客席に座って舞台を見た。舞台が終わった後の丸盆は相変わらず子供たちの遊び場で、トランポリンや玉乗りの玉、ジャグリングで遊ぶのが彼の日常だった。

二か月に一度の場越しを繰り返しながら、彼が初めて舞台に出たのは小学校二年生の時だった。かつてのサーカスの子供たちは、学校の友達を誘ってテント村で遊ぶこともあった。しかし、優稀さんが小学生の頃は時代も変わり、「動物が危険」という理由で気軽に「外の世界」の子供を招待することは禁止されるようになっていた。ともに「村」で育った子供たちは小学校の入学とともにサーカスを離れたため、この頃から彼は放課後を一人で過ごすことが多くなった。

学校から帰るとハウスの中でごろごろしている息子を見かねたのだろう、優稀さんは慎二さんから「ピエロでもやってみるか?」と聞かれた。そうして彼は小さなピエロとして丸盆に立つようになった。

当時、「赤い靴」という名のプログラムのフィナーレは華やかで、ピエロたちはバルーンアートに使う細長い風船を手にいっぱいに持ち、観客席の一人ひとりに配って回った。ときには女の子に間違えられ、「お姉ちゃん、ありがとう」と声をかけられる。衣装を着てメイクをした可愛らしい少年ピエロに、観客たちはいつも優しい笑顔を向けた。そのときの客たちの嬉しそうな表情は、彼の心にいつまでも残って離れなかった。

同じ頃、公演で訪れた長崎市で彼は生まれて初めて恋をした。転校先でクラスメートになったその子は、周りの子より身長が高くて大人っぽい雰囲気があった。だが、彼女に惹かれる思いを七歳だった彼が伝えられるはずもなく、二か月間の長崎滞在の時間は瞬く間に過ぎてしまった。

ただ、忘れられないのは、その子が場越しの日にサーカスに来てくれたことだ。連絡先を交換することはなかったけれど、「ばいばい」と手を振り合って二人は別れた。

この初恋には後日談がある。中学校に入るとき、優稀さんはサーカスを降り、母親の実家のある福島県で暮らすことになった。両親が移動学校を続けることによる勉強の遅れを心配したからだ。彼は三年生のときに学校に行かなくなり、結局はサーカスに舞い戻ったのだが、それまでも夏休みには両親のもとに帰っていた。

数年ぶりとなる長崎公演のとき、彼は初恋の相手に再会した。彼女にも優稀さんへの思いがあったのだろう、客として来た彼女は会場で手伝いをする優稀さんを探して声をかけてくれたのだった。それは移動学校で出会いと別れを繰り返してきた彼にとって、本当に嬉しかった出来事として胸に刻まれている。

「僕は出会いと別れを何度も繰り返してきたんですよね……」

おそらく日本のサーカスの歴史の中でも、「移動学校」を経験した最後の「サーカスの子」の一人だった彼は言う。

「だから、いつも人を見ちゃうというか、人間観察しちゃうというか。いまこの人はこう考えているんだろうな、と無意識に考えてしまうところが今でもあるかもしれません。二か月しか学校にいないと、いかに友達を作るか、いかに仲良くなれるか、っていつも考えていましたから。人との付き合い方が子供ながらに身についてしまったんだと思います」

前述のように、彼は中学時代を福島県で過ごしたものの、三年生の二学期のときに不登校になった。

「学校に行かないんだったら、こっちに働きに来い」

慎二さんにそう言われ、キグレサーカスに戻った。担任の教師とは卒業まで学校を休む代わりに、「受験をして高校には合格すること」を約束したという。優稀さんは結果的に、地元の工業高校を受験して合格し、その約束を果たした。

不登校になって公演地の徳島に帰ったとき、彼は空港に迎えに来た父親の車でサーカスに向かった。

「よお、来たな」

公演地に近づくと、懐かしい大天幕が窓の外に見えてくる。

「ああ、帰って来たな。家に来たな」

と、優稀さんは確かに感じた。

「すごく懐かしい感じがしたんです。サーカスには独特の匂いがあるんですよ。土と埃とテントの匂い……。その匂いに包まれたとき、帰ってこられた、と思ったんです」

「やっぱりここがいいな」

そんな思いが胸に広がった。心が落ち着くのを感じ、「ここが自分の家なんだ」と思ったのだと、彼は少し照れくさそうに話した。

優稀さんが正式にサーカスの芸人になったのは、中学を卒業してすぐのことだった。

「やりたい芸はあるのか？」

団員の先輩からそう聞かれたとき、「オートバイかな……」と自然と言葉が出た。

そのとき胸に思い描いたのは、アイアン・ホールのスターだった父親の慎二さんの姿だった。プログラムの後半で、暗転した丸盆にライトアップされたホールがするすると出てくる。その瞬間、暗闇の中で耳をつんざくようなツーストロークのエンジン音が響き渡り、混合ガソリンの排気ガスの匂いが会場に漂う。LEDライトをつけたバイクに乗ってホールの中に入っていく父親の堂々とした演技は、子供の頃からの憧れだった。

十六歳になった優稀さんが「オートバイをやりたい」と言ったとき、慎二さんは父親としてどれほど嬉しかったことか。だが、その気持ちを表情に出すことはなかった。

その代わりに始まったのが、翌日からの厳しい練習だった。

アイアン・ホールの稽古は、自転車でホールの中を走ることから始まった。空中ブランコやカンスーの練習では命綱を付けられるが、オートバイではそれができない。そこでまずは懸命に自転車を漕ぎ、ホールの中を横回転する練習を続ける。二日間ほど自転車で稽古をして感覚をつかむと、次に行うのが実際のバイクを支えてもらいながら走らせ、水平に回れるようになるまで徐々にスピードを上げていくことだった。

アイアン・ホールの演技ではギアを二速に入れて発進し、横方向に回り始めてから三速に入れてスピードを上げる。発進の際にクラッチを上手くつなげられずにエンストしたり、降りるときにバイクから落ちたりすると、「なにやってんだ!!」と容赦ない怒声が飛んだ。

慎二さんの練習での厳しさは、彼が若い頃に教わったマーボー兄さん譲りのものだった。

「オートバイってのはバーッとホールの中を回っていると、最初は目が回って落ちるんだよ。でも、バーンとオートバイから落ちて、血を流しながら『痛てえな』と思っていても、『バイクに乗れ！』とマーボーに言われてさ。自分がそういう教わり方をしたから、優稀も同じように教えたんだ」

体勢を斜めにしたまま走れるようになると、今度は「ハチドリ」と呼ばれるジグザグ走行を練習する。そして、次に縦方向へバイクを振り子のように前後させるよう指示を受けた。

スロットルのオンオフのタイミングがつかめるようになった頃合いを見計らって、慎二さんは言った。

「よし。あとは度胸だ。やれ！」

助走をつけてホールの底辺にある「丸い皿」まで来たとき、一気にスロットルを開ける。そうするとバイクはホールの中を駆け上がって天辺まで登り、一回転することができる。だが、理屈では分かっていても、いざそれをしようと思うと恐怖が心に広がった。

ホールを回転できるようになって体験したのは、走行中に視界が真っ白になる「ブラックアウト」だった。身体にかかる遠心力で頭に血液が行き届かなくなるもので、目を開けていても少しずつ視界が消えていく。全く見えない状態が数秒ほど続き、音だけしか聞こえなくなる現象だ。視界が消えそうになることを察知して頭を振ると回復するのだが、その感覚をつかむのもバイク乗りの必ず通る道だった。

優稀さんが初めてアイアン・ホールの舞台に立ったのは、練習を始めて数週間が過ぎた頃のことだった。

そのときはあまりに唐突にやってきた。普段、後見として働いていた彼は、前半のプログラムが終了して会場に明かりがついた際、慎二さんから呼ばれた。

「おい、優稀！　次、休憩明けから出ろよ。衣装を着ろ」

休憩中の客案内に向かおうとしていた彼は、そう言われたときは言葉も出なかった。全く心の準備ができていなかったからだ。

「空中ブランコと違って、本番と同じ練習をしてるんだ。いつもとやることは一緒だからな」

父親から有無を言わさずに指示され、慌ててツナギを着てオートバイのもとに向かった。そして、休憩時間が終わって舞台が暗転してからホールに入り、スポットライトが照らされると同時にスロットルを吹かした。

口の中がからからに渇いていた。それからのことはよく覚えていない。とにかく十分ほどの演目を無我夢中でこなした。

練習通りにできたかどうかも定かではなかった。それでも全てをやり終えたときに観客席を見ると、丸盆を見つめる客たちの目が一斉に自分に向けられていた。ホールのドアを開けて外に出るとき、入れ替わりに演技に向かう父親とすれ違った。

無言のまま目配せをした父は笑顔だった。

「今はあの場所にいたことが、夢だったみたいな気がするんですよ」

居酒屋で何杯目かのハイボールを頼むと、優稀さんはそう言って僕の目を見た。

もうすぐ三十歳になる彼は、まるで二十代前半の若者のような雰囲気をしている。サーカスの思い出を語るとき、どこかうっとりとした話しぶりになる様子を見ながら、この人はキグレサーカスのことを今でも深く愛しているのだ、と僕は思った。

慎二さんも言っていた。

「サーカスはやっている側にも寂しさがあったよな。その土地で出会った人との別れを繰り返して、去るときはここにテントがあった、ここにハウスがあった、という跡が残っている。何もないところにぽっと村ができては消える日々は、どこか一夜の夢って感じだったから」

サーカスの子だった優稀さんは、十六歳で芸人になってから「外の世界」に憧れたこともあった。例えば、ファミリーレストランの店員なんてしてみたら、どんなふうだろう。そんな他愛のない気持ちを抱いていたけれど、いま、東京で現場と自宅を往復する日々を送っていると、ふと何か物足りない思いにとらわれることもあるという。

華やかなショー、スポットライトや客たちの歓声、そして、サーカス村での生活……。

彼のいた頃のキグレサーカスには、ロシアやタイ、中国から来ている芸人も多かった。国籍も人種も異なる人たちに囲まれ、「そのみんながお兄ちゃんやお姉ちゃんという感じ」だった。舞台後に練習を終えてから、炭を焚いてバーベキューをすることもあった。

「寂しいな、って思うこともあります。あそこにいた人は血がつながっていなくても、家族だという思いがあります。サーカスは血のつながりだけじゃないなって思います」

キグレサーカスがなくなってから十年以上経ち、会社の若い同僚から「前の仕事は何やってたの」と聞かれて答えても、知らないと言われることが増えた。

「サーカス？　ほんとう？　木下なら知ってるけどなあ」

そんなとき、彼は現場での休憩時間に工具を手にして、ジャグリングを披露してみせる。

「あの場所はあったかい世界だったよな」と父親も言う。

「隣のジジババに怒られたり、自分の出番だからちょっと子供を見ていて、と言えたりさ。今の現実の世界にはもうそんな場所はないよな……」

優稀さんはときどきサーカスにいたときの夢を見る。夢の中で彼は舞台の袖でツナギを着て、これからバイクに乗ろうとしている。アイアン・ホールのテーマ曲が大音響で流れ始め、さあ、いよいよホールの中に入っていこうと気合を入れる。そんな夢だ。

目が覚めたとき、キグレサーカスをもう一度やってみたい――と彼は思う。でも、その思いはもうかなわない。

サーカスを出て十年以上経った今も、どこかで「ここは自分のいる場所じゃないな」という気持ちが彼の胸には残り続けている。

「僕のいる場所はここではない。やっぱりサーカスで育ってきたから、サーカスに帰りたい、っていうのかな。あの場所が自分の故郷なんだって思うんです。でも、その故郷は本当に夢の世界になってしまったんですよね」

最後のサーカスの子である彼はそう言うと、少しだけ寂しそうに笑った。僕はそんな彼の表情を見ながら、キグレサーカスはもう、本当に消えてしまったのだと思った。

それでも、優稀さんと話していると、僕は何か不思議な気持ちにとらわれてもいた。幼い頃のほんの一年間のサーカスの記憶が、彼との間に共通の言葉を生み出しているように感じられたからだった。彼が「夢」のように思えると語るサーカスでの日々は、僕にとっても同じように夢と現の境にあるものだった。

そして、僕はその記憶の中にある一つの風景、自分の見たサーカスの最後の姿を思い出していた。

エピローグ　ひとかけらの記憶の断片からⅤ

僕がキグレサーカスのあの大天幕を最後に見たのは、確か中学校の二年生の時だと思う。一九九三年頃のことだから、慎二さんがアイアン・ホールや空中アクロバットに出演し、その息子の優稀さんがまだ赤ん坊だった頃のことだ。

真新しい黒色の自転車に乗った僕は、懸命にペダルを漕いでいた。背が小さくて童顔だった僕は年齢の割にずっと幼く見えたはずだ。

僕が走る道は東海道線の線路沿いの幹線道路で、車の行き交う数もそれなりに多かった。道が緩やかな坂道になると、立ち漕ぎをして速度を保った。ときおりオレンジと深緑色の二色の電車が、フェンスの向こうを通り過ぎていくのが見えた。

家を出たときから、空は重い灰色の雲に覆われていて、自転車が製薬会社の大きな工場に差し掛かった頃、ついに耐えきれぬように、ぽつ、ぽつ、と雨が降り始めた。だけど、僕はお構いなしにペダルを漕いだ。すると、その先に少し唐突な感じで、サーカスの大天幕が線路沿いの貨物駅跡の空き地に建てられているのが見えてきた。

「キグレNEWサーカス」と書かれたその大天幕を目にした瞬間、僕は「あ！」と思わず声を上げそうになった。

赤い鼻を付けた白塗りのピエロたち、目隠しをしたまま空中ブランコを飛ぶ男たちや、哀愁溢れる音楽に乗って綱渡りをする女たち。そして、玉乗りをする象やアシカ……。

記憶の中にあるサーカスのショーが胸に甦り、思わず息を飲む。すると、切なさの織り込まれた何とも言えない懐かしさが、否応なく胸の奥から広がってくるのを感じた。

大天幕の建っている砂利の空き地と歩道の間は金網で仕切られていて、チケット売り場との間の一個所だけが車の搬入口になっていた。アーチを潜り、まだ誰もいない売店の簡易テントの前に自転車を止めると、僕は急き立てられるように大天幕とその裏側を仕切る側幕の方へと歩いて行った。

その先にある世界が、サーカスの人々によって「村」と呼ばれていることを僕は知っていた。そして、青い仮設トイレから五メートルほど離れた場所に、その「村」の方へと通じる側幕の出入口はあった。

でも、僕はその前まで来て、ふと我に返って立ち止まらざるを得なかった。勝手に側幕をめくって彼らの領域に入るわけにはいかなかったからだ。

ところが、じりじりとした気持ちを持て余したまま、しばらくその場に留まっていたときのことだ。側幕の向こう側から高齢の小柄な女性が出てくるのが見えた。

黒い長靴を履いているその人は、パーマのかけられた髪の毛が少し紫色がかっていた。

彼女を見た瞬間、僕はそれが和枝姐さんであることに気づいた。

昔よりも年を取っている。でも、それはテント村をみなで走り回っているとき、何かあれば「こらあ！」と大声を上げて僕らを叱りつけた人に間違いなかった。

和枝姐さんは外に出てくると、おそらく何かを取りに来たのだろう、チケット売り場の方に歩いていこうとした。

僕は彼女が再び側幕の内側に戻ってしまう前に、とにかく話しかけなければならないと思った。だけど、駆け寄って声をかけようとしても、唐突な展開に緊張して何を言えばいいのかが分からなかった。

それでも、僕は思い切って声をかけた。

「あの……」

どぎまぎして口を噤んだ僕を、和枝姐さんは不思議なものを見るように見つめた。そして、何かを察したように彼女は言ったのだった。

「あんた、サーカスを見に来たの？　ごめんなあ。公演は明後日からなんだ」

「……あの、和枝姐さんですよね？」

彼女は少し怪訝な表情を浮かべた。

「昔、僕はキグレサーカスにいたことがあるんです。母が炊事係をやっていて——」

しどろもどろになりながら説明していると、彼女は途中で僕の言葉を遮って言った。

「そうかあ。ここには出ていく人もいれば、入ってくる人もいる。いちいち覚えていられんのだわ」

僕が黙っていると、「だが……」と彼女は続けた。

「わっちはあんたのことは分からんが、あんたがここにいたことは分かった！　ちょっとここで待っちょれ」

和枝姐さんは踵を返して側幕の向こうに行ってしまった。僕はしばらく茫然として立っていた。

それから五分ほどが経っただろうか。彼女は再び現れると、分厚い紙の束を僕の手を握るようにして渡した。

それはサーカスの招待券だった。

「あんた、サーカスを見においで」

和枝姐さんはそう言うと「村」の方へと戻っていった。その姿を見つめていた僕の視線に気づいたのか、最後に振り返ると彼女は言った。

「必ず見に来るんだよ……」

僕はひとり、誰もいないサーカスの敷地に残され、彼女の消えた側幕を見つめていた。

それから左手の方を見ると、「キグレNEWサーカス」の巨大なテントの旗が、どんよりとした空の下で揺らめいていた。

なぜ誰もいないサーカスの大天幕は、こんなにも寒々しく、寂しげなのだろう。しんと静まり返った敷地の向こうを、東海道線の電車が再び通り過ぎていった。

僕は結局、サーカスのショーを見に行かなかった。あのキグレサーカスの日々を当時のままの姿で、自分の思い出の中に留めていたかったからかもしれない。

そして、それが僕の見たキグレサーカスの最後の風景だった。

参考文献

鵜飼正樹、北村皆雄、上島敏昭編著『見世物小屋の文化誌』新宿書房、一九九九年
宇根元由紀著『サーカス放浪記』中公文庫、一九九六年
尾崎宏次著『日本のサーカス』三芽書房、一九五八年
長田弘著『記憶のつくり方』晶文社、一九九八年
草鹿宏著『翔べイカロスの翼　青春のロマンをピエロに賭けた若者の愛と死』一光社、一九七八年
久田恵著『サーカス村裏通り』文春文庫、一九九一年
本橋成一著『サーカスの時間』河出書房新社、二〇一三年
山岡淳一郎著『木下サーカス四代記　年間１２０万人を魅了する百年企業の光芒』東洋経済新報社、二〇一八年

初出

プロローグ　ひとかけらの記憶の断片からⅠ……「群像」二〇二二年九月号
第一章　終わらない祭りの中で……「群像」二〇二二年九月号
ひとかけらの記憶の断片からⅡ……「群像」二〇二三年三月号
第二章　サーカス芸人、女三代……「群像」二〇二三年三月号
ひとかけらの記憶の断片からⅢ……書き下ろし
第三章　サーカスの男たち……書き下ろし
ひとかけらの記憶の断片からⅣ……書き下ろし
第四章　二人の道化師……書き下ろし
第五章　最後のサーカスの子……「群像」二〇二三年三月号
エピローグ　ひとかけらの記憶の断片からⅤ……書き下ろし

稲泉 連（いないずみ・れん）

一九七九年、東京生まれ。早稲田大学第二文学部卒業。二〇〇五年『ぼくもいくさに征くのだけれど―竹内浩三の詩と死』（中公文庫）で第三十六回大宅壮一ノンフィクション賞を当時最年少の二十六歳で受賞。他の著書に『アナザー1964 パラリンピック序章』（小学館）、『豊田章男が愛したテストドライバー』（小学館文庫）、『廃炉―「敗北の現場」で働く誇り―』（新潮社）、『「本をつくる」という仕事』（ちくま文庫）、『ドキュメント 豪雨災害―そのとき人は何を見るか』（岩波新書）などがある。

サーカスの子《こ》

二〇二三年 三 月三〇日 第一刷発行
二〇二三年一二月 八 日 第三刷発行

著者 稲泉《いないずみ》 連《れん》

発行者 髙橋明男

発行所 株式会社講談社
〒一一二-八〇〇一 東京都文京区音羽二-一二-二一
電話 出版 〇三-五三九五-三五〇四
販売 〇三-五三九五-五八一七
業務 〇三-五三九五-三六一五

印刷所 TOPPAN株式会社

製本所 株式会社若林製本工場

KODANSHA

ISBN978-4-06-530966-7